U0899496

延安笔记
寻找精神密码

李宜航⊙著

羊城晚报出版社
·广州·

图书在版编目（CIP）数据

延安笔记 寻找精神密码 / 李宜航著. —广州：羊城晚报出版社，2015.8

ISBN 978-7-5543-0230-9

Ⅰ. ①延… Ⅱ. ①李… Ⅲ. ①中国共产党—党性—干部教育—学习参考资料 Ⅳ. ①D263.3

中国版本图书馆CIP数据核字（2015）第191451号

延安笔记 寻找精神密码

Yan'an Biji Xunzhao Jingshen Mima

策划编辑 谭健强
责任编辑 谭健强 王志娟
摄 影 王宏伟 高 原
责任技编 张广生
装帧设计 友间文化
责任校对 何琳玲
出版发行 羊城晚报出版社
（广州市天河区黄埔大道中309号羊城创意产业园3-13B 邮编：510665）
网址：www.ycwb-press.com
发行部电话：（020）87133824
出 版 人 吴 江
经 销 广东新华发行集团股份有限公司
印 刷 佛山市浩文彩色印刷有限公司
（佛山市南海区狮山科技工业园A区 邮编：528225）
规 格 787毫米×1092毫米 1/16 印张17.75 字数350千
版 次 2015年8月第1版 2016年1月第2次印刷
书 号 ISBN 978-7-5543-0230-9/D·64
定 价 68.00元

自序

人生因此而不同

为什么要写这本书？

其实，类似问题春节后一直在我脑海萦绕：到中国延安干部学院，第3期年轻干部党性教育专题研修班，学什么？

入学的第一天，我给自己这样的解释：我要低到尘埃里，在延安这片神奇的土地上，悄悄地寻找共产党人的“精神密码”；我要化为一滴水，在奔腾的延河之上，溯源8700万名党员的“灵魂家园”；我要做一枚安静的行者，踏访通往中国梦的基因谱和路线图……我想回到初心，回到举起右手那一刻的思考：我们从哪里来，要到哪里去？

现在看来，这个答案感性有余，理性不足。但那确实是我最初的动因，大体的意思，我曾读给全组的同学听，落子无悔，继续照单全收。

接下来的30天，确乎是一次灵魂的洗礼。我们把时间的指针回拨到了1935—1948这特殊的十三年，我们发现了一个传说中的新奇世界，寝馈其中，如痴如醉。正如班长代锋在班级小结中所言——

我们在宝塔山上重温入党誓词，在延河岸边感悟奋斗精神，到纪念馆缅怀先辈事迹，向四八烈士敬献崇敬哀思，全面认知党中央在延安十三年的光辉业绩，梳理从井冈山到延安、从延安到北京的脉络历史，遥想革命圣地当年的蓬勃激情和无穷魅力，思考“靠小米加步枪而得天下”的原因和真谛。面对延安这座巨大的思想宝库，我们目不暇接，心驰神往，尽可能地汲取养分和动力，领会延安精神的时代价值，牢固树立马克思主义历史观，更加清醒地认识到当代共产党人的历史责任和人生价值。

我们沿着刘志丹、习仲勋等革命家的奋斗足迹，赴照金、下马栏、驻南梁，穿越陕甘边，行程2600里，踏访根据地的山山水水，体验先辈在困难与失败面前的顽强、在诱惑与挫折面前的刚毅，感受“革命理想高于天”的豪情，真正在精神上补了一次钙，更加牢记中国革命的胜利就是理想信念的胜利。

我们紧紧围绕“我是谁、为了谁、依靠谁”的终极课题，到边区政府旧址探寻“只见公仆不见官”的现象，在张思德塑像旁感悟为人民服务的主张，实地走访梁家河，理性思考“耿飚之问”，从历史和现实的多个维度，加深理解党的宗旨，更加认识“全心全意为人民服务”永远是共产党人政治标准、党性标准和道德标准的有机统一。

我们深入思考保持党的先进性这个现实问题，走进杨家岭、枣园和王家坪，夜宿南泥湾，探访农家院，重读《论共产党员的修养》，领会整风精神内涵，体会劳动的快乐和艰辛，领略领袖们的人格魅力，更加确信要把“实事求是”这个精髓、“艰苦奋斗”这个传统，作为我们立身立业的根基，永守共产党人的精神高地。

……

我感到了变化。一种由小我而家国情怀的变化，一种由掠影浮光而探骊得珠的变化，一种由蓬心蒿目而石赤不夺的变化……这样的变化，沦浃肌髓，也催生了许多诗作。丁以绣同学就以长诗《理由》歌之——

啊，巍峨的延安宝塔
您高超碧落，视越千载
请告诉我——
疲惫不堪的叫花子
在13年打下江山的理由

刚强坚毅的热血青年
爬也要爬到延安城的理由
一呼百应的南洋华侨领袖
发出中国希望在延安的震耳发聩之声的理由
深孚众望的饱学之士
窑洞对出破解历史周期率的理由
抛弃优渥生活的高鼻子黄头发的悬壶济世者
在非人的艰苦环境中奉献生命的理由

啊，静穆的延安宝塔
您俯视红尘，看惯秋风
请告诉我——
陕甘边烽火硝烟、70余次屡败屡战的理由
20岁的娃娃受爱戴、茹毛饮血不退缩的理由
我可爱的白灵支撑着列宁小学、为亲者坑埋的理由
人民英雄失去左膀右臂不内讧、见到祸害不躲避的理由
从权力核心走到了人生边缘的边缘、从不计个人得失的理由

啊，无语的延安宝塔
请开口说话吧，这些都是您亲眼见到的呀
在山沟里打转转，怎能写出百篇雄文
奏出风流人物看今朝的雄浑乐章呢
在塬梁峁沟川杖里，怎能供养百十万大军
创造火热的生活呢
在落后的农民里如何建设先进的无产阶级共产党呢
沿着共产国际的光辉大道怎敢怎会怎能另辟蹊径呢
……

我大学读的是中国人民大学，其前身就是陕北公学。大学时，虽然也

知道领袖们对人大学子的勉励——“当在人民困难的时候，你们在吃着人民的小米……你们如不能很好地去为人民服务，那就不是中国人民大学的学生”，但体味并不深刻。此次延安学习，我在陕北公学寻到了根，在山寨窑洞找到了源，可以回答那振聋发聩的三问了：

中国共产党人的执政之问——我是谁，依靠谁，为了谁?

中国革命的生死之问——陕甘边，为什么会成为中国土地革命战争后期硕果仅存的根据地，为什么会成为红军长征的落脚点，为什么会成为八路军北上抗日的出发点?

党群关系的耿飚之问——如果再遇到危急关头，人民群众会不会像革命战争年代那样舍生忘死来保护我们的党员干部?

人民！一切以人民为依归！一切为了人民！党除了最广大人民的利益，没有任何自己的私利，为了人民的利益不惜付出任何代价。这绝非文辞之超超玄着，而是历史的科学总结，规律的深刻体认。

道不远人。美国记者斯蒂尔曾感慨：“真的，我要是在延安住上十一天，那我一定也将变成为一个共产主义者。”去过延安，人生的确会因此而不同。在历史的发生地体验和认知历史，在理论的原创地学习和重温理论，在延安精神的发祥地感悟和领会延安精神，用历史审视现在，让历史启迪未来……何止精神为之一振，天地也随之无比开阔。曾经，“是延安人民用小米哺育了我们，没有延安就没有新中国”；如今，是延安精神再度滋养了我们，给了我们最生动的集体记忆、极其强大的精神动力。虽明知不可胜书，我仍把这30天的所学、所思、所感、所言，写进了这本《延安笔记　寻找精神密码》。因为全部是急就章，未及斟酌，可能会有不少错谬；又因自己才蔽识浅，难免牖中窥日，以锥刺地。要说明的是，除个别字词外，我没有作什么修改，不是敝帚自珍，只为真实地呈现，“立在真实上，求得人生的光明”吧。

如果您邂逅了这本书，如果您还能生发一句感慨——“世界那么大，一定要去延安”，我愿足矣。

再说似乎就是多余的话了。

2015年6月12日 于延安

目录

1.1 中国延安干部学院：入学，初心

2015-5-13　晴

"你是什么单位的？"一个干部模样的人问我。

"我是新学员，照一下校门。"我略显拘谨地回答。

"哦，学员，欢迎啊。保安，你让一下，让学员照一下校门。"

此时，2015年5月13日上午11时；此地，中国延安干部学院大门口。

中国延安干部学院是经党中央、国务院批准成立的中央直属事业单位，是对党政干部、企业经营管理者、专业技术人员和军队干部进行党性、党史和党风教育的国家级干部培训院校。学院由中央组织部直接管

理，中央组织部部长兼任学院院长。学院建成于2005年3月，占地249亩，建筑面积72700多平方米。

我是来中国延安干部学院参加“第3期年轻干部党性教育专题研修班”的。据介绍，本期学员由中组部选调，总数为49人（注：实际报到48人），分别来自25个省区市和新疆生产建设兵团、12个中央国家机关、1所中管高校、1个群团组织和8个中管企业，全班平均年龄为45岁。本期学员来源也较为广泛，地方学员中，东部地区、中部地区、西部地区各来了9人，其中地级市党委常委6人，两人兼任县（市）委书记，地级市副市长1人，省直厅局领导13人，共青团省委副书记3人，省属企业领导2人，省属高校领导1人，省属事业单位领导1人；中央国家机关学员中，中直机关4人，“两高”2人，国家部委6人，中管高校1人，群团组织1人，央企8人。本班学制为30天，将围绕“加强党性修养、坚定理想信念、保持优良作风”主题开展一系列研修。

学院安排密针细缕，臻臻至至，几分钟就注册报到好了。我住在5号公寓，5312房，十多平方米的样子。室内，书柜、电脑、文具等一应俱全，连手电筒、灭蚊器都配啦。宿舍走廊，挂着一张张历史老照片，徜徉其间，仿佛走进了时光隧道。在我宿舍的正对面，就挂着1938年毛泽东和战士们的合影。推开窗棂，哦，延安时期的红色歌曲飘了进来，深沉又澎湃。

看窗外晴空丽日，我迫不及待地在学院内走了一圈儿。真是美如画卷啊，“榆柳荫后檐，桃李罗堂前”，一抬眼，又见那“千里横黛色，数峰出云间”……最打眼的要数杏树了，于依依垂柳的环伺之中，悄悄探出些身子，却已是青果满枝。

院内静静的，没有丝毫喧闹，连风也是轻轻的；建筑别具特色，青灰色基调，仿窑洞风格，园林式布局，让人一望而生庄重、沉静之感。“此地景趣宜读书”，于是，我在微信朋友圈发了一小段文字：奔赴圣地延安，开启读书模式。牢记求学的三个条件：多观察、多吃苦、多研究（加菲劳语）。

是的，我要低到尘埃里，在延安这片神奇的土地上，悄悄地寻找共产党人的“精神密码”；我要化为一滴水，在奔腾的延河之上，溯源8700万名党员的“灵魂家园”；我要做一枚安静的行者，踏访通往中国梦的基因谱和路线图……我想回到初心，回到举起右手那一刻的思考：我们从哪里来，要到哪里去?

我想读书。我想求索。我想向劳作的共产党人致意，并且请教。

2.1 开班式

2015-5-14 上午 晴

今天上午，第3期年轻干部党性教育专题研修班开班啦。

学院常务副院长陈燕楠走上讲台。温文儒雅，娓娓而谈，聚焦“水有源，故其流不穷；木有根，故其生不穷”——

为什么要到延安来？他的阐释是：延安是中国革命的圣地，中国共产党人的精神家园。在这里，有一种精神——伟大的延安精神；有一种主义——延安窑洞里中国化的马克思主义；有一种形象——“只见公仆不见官”的干部形象；有一种力量——创办30多所干部院校，培养造就了一大批信念坚定、为民服务、不怕牺牲的革命志士……这里是“红色磁场”。

到延安究竟能解决什么问题？他认为，党中央在延安13年，留下了丰富的教学资源。延安干部学院有地缘优势，可以让学员“在感悟历史进程中坚定道路自信，在学习马列著作中坚定理论自信，在继承执政经验中坚定制度自信”……这里是“红色熔炉”。

到底如何传承延安精神？他谈道：延安精神是贯穿于党的理论与思想中的精神气质，是内化在党的传统和作风中的活的灵魂。要传承、弘扬，就必须坚定正确的政治方向，坚持实事求是的思想路线，坚持全心全意为人民服务的根本宗旨，坚持高标准严要求地抓好作风建设。学员要努力作表率……这里有“红色基因”。

掌声，点赞，给陈院长。

此时，我想起习近平同志2009年视察中国延安干部学院时的一段讲话：老一辈无产阶级革命家在延安时期留下的优良传统和作风、培育形成的伟大延安精神，是我们党的宝贵精神财富，是干部教育培训的永久教材。用好这笔财富、用活这部教材，是党中央创办中国延安干部学院的重要目的。一下子，醍醐灌顶：这就是“欲知大道，必先为史”，“让历史告诉现在，让历史启迪未来”吧。

是的，云水迢迢，我们千里奔延安，为了什么？为了寻根——周恩来曾动情地说道，“是延安人民用小米哺育了我们，没有延安就没有新中国”；为了固本——吴晗先生说：我们的历史是一份无比珍贵的遗产，是值得我们自豪的；为了培元——歌德讲：历史给我们的最好的东西就是它所激起的热情。

关于历史，车尔尼雪夫斯基说过：历史的道路不是涅瓦大街上的人行道。它完全是在田野中行进的，有时穿过尘埃，有时穿过泥泞，有时横渡沼泽，有时行经丛林……

好！那就好好翻开延安这一页，驽马十驾，磨砻浸灌。

2.2 班会

2015-5-14　中午　晴

开班动员后，进入班会环节。

班主任马广荣讲了班级架构、教学内容、学习要求、注意事项，等等。听后感？嗯，感觉非常严、非常严、非常严——重要的事情说三遍。在我经受过的N多次培训中，这次是最“悬为厉禁”、“辞严气正”的。比如，培训期间一般不允许会客或自行外出，上课时须关闭手机，早上七点准时就餐；再比如，一个月整整安排了六个教学模块：一、“习近平总书记系列重要讲话精神”教学模块（5月14日至5月16日）；二、“历史认识”教学模块（5月17日至5月19日）；三、“理想信念”教学模块（5月20日至5月27日）；四、“群众路线”教学模块（5月28日至6月3日）；五、“作风建设”教学模块（6月4日至6月9日）；六、“党性剖析”教学模块（6月10日至6月12日）。粗粗看来，这六个模块清晰而丰富，既有咨经诹史，也有眼观为实，既具“一河大水”之丰，也含“寸丝半粟”之微，很不错！

接着，是有意思的“破冰之旅”——学员要采取述说、赋诗等各种有趣的形式作“个性化自我介绍”，并随机点下一位学员接力介绍。被点到的学员需要尽可能多地复述上一位学员的信息，然后再“自我画像……这不，云南的李勇毅同学唱起了民歌，好听；山西的王宏伟同学夸起了家乡，易记；河北的徐春芳同学画了幅图，大美；江西的廖宏同学，讲起了另一圣地井冈山……

西藏的多吉次仁同学上台了。他谈起了神圣的珠峰，耸入云天，卧雪眠霜……1998年我曾以记者身份登上过珠峰大本营，在雪夜，用海事卫星电话发回了“本报讯”，那是我一生最“高冷”的记忆。我曾在“新闻背后”写道：珠峰，是那么的近，甚至有些矮；夜空，是那么的明亮，几近于白天，可以看到很远很远……我的大嗓门此时尤其显得“气吞山河”——我在珠峰，我在珠峰……边回忆，边暗自思忖：他会不会随机点到我呢？

真是心有灵犀——他居然真的点到了我的学号20151112042。

惊愕中，接过了话筒。好在昨晚琢磨了一下，我用“藏头诗”介绍自己——

我本中原生，
来此延水耕。
自是无为化，

羊昙醉后归。
城阙闭黄埃，
晚晴摇水态。
报得三春晖，
社前飞燕回。

李陵提步卒，
宜令史馆书。
航湖至普宁，
是月农功毕。
我对子应识，
的破绿弦低。
名为北方闻，
字得驰骋意。

来往候仙舆，
延我入深竹。
安可相随飞，
向来忧河山。
大辩良难仰，
家临御路傍。
学剑翻自哂，
习之势翩翩。

本来想趁机卖个广告——毛主席说：我看羊城晚报。话到嘴边，又咽了回去，脸皮儿还是不够厚——觉得高大上如是，正事只有一件：读书，进入思想的深邃之中。“要收拾精神，并归一路。如修德而留意于事功名

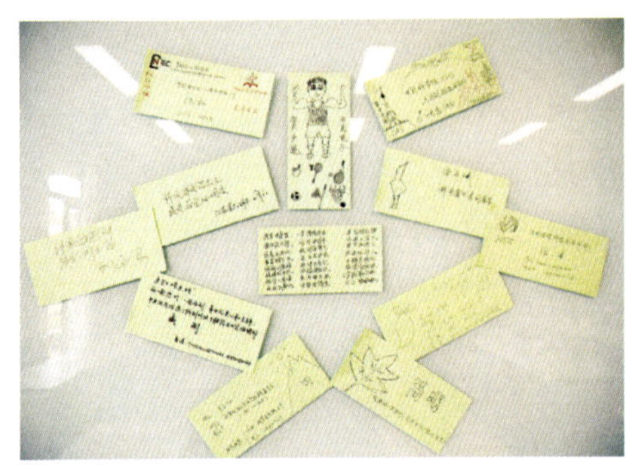

誉，必无实诣；读书而寄兴于吟咏风雅，定不深心。”好吧，待到同学相熟时，再来卖广告。

2.3 “四个全面”

2015-5-14 下午 晴

听课，让时间静下来。

下午，杨志和教授讲《学习习近平总书记系列重要讲话精神，深入领会“四个全面”战略布局》。乍看题目，有信息量爆棚、盈千累万的感觉。杨教授取精用宏，匡鼎解颐。真好！

杨教授说，从党的十八大强调“全面建成小康社会”，到十八届三中全会部署“全面深化改革”，再到十八届四中全会要求“全面依法治国”、党的群众路线教育实践活动总结大会宣示“全面从严治党”，“四个全面”战略布局清晰地展现出来。习总书记系列重要讲话精神以及在此基础上形成的“四个全面”战略布局，是实现“两个一百年”和中华民族伟大复兴中国梦奋斗目标的科学指南。

杨教授认为，习总书记系列重要讲话精神，贯穿始终有一个主题，这就是坚持和发展中国特色社会主义，坚定道路自信、理论自信、制度自信；贯穿始终有一个目标，这就是实现中华民族伟大复兴的中国梦，为国家富强、民族振兴、人民幸福而不懈奋斗；贯穿始终有一条红线，这就是“四个全面”。

杨教授将习总书记系列重要讲话精神概括为八大观：中国特色社会主义观、民族复兴观、全面改革观、科学发展观、民主政治与法治观、国际战略观、党建观、意识形态观。

在讲“中国特色社会主义观”时，杨教授强调：中国特色社会主义是社会主义而不是其他什么主义，要正确认识改革开放前后两个历史时期，这是两个互相联系又有重大区别的时期，但本质上都是我们党领导人民进行社会主义建设的实践探索，不能用后一个历史时期否定前一个历史时期，也不能用前一个历史时期否定后一个历史时期；在讲“民族复兴观”时，杨教授认为，实现中国梦，要遵循“三个必须：必须走中国特色社会主义道路——政治前提，必须弘扬中国精神——思想基础和精神支柱，必须凝聚中国力量——力量源泉；在讲“全面改革观”时，杨教授谈道：要增强改革开放的坚定性，要坚持改革开放的方向性，要明确改革开放的目标性，要提高改革开放的科学性，要树立对外开放的新战略，要激发改革的新活力……

杨教授说，习近平总书记系列重要讲话精神所展示出的治国理政思想观点，与马列主义、毛泽东思想、中国特色社会主义理论体系相融会、相贯通，既有继承，又有发展，是与时俱进的理论创新，是对中国特色社会主义理论体系的创造性发展，是当代中国马克思主义中国化的最新成果。他希望学员们深刻把握讲话贯穿的坚定信仰追求、历史担当意识、真挚为民情怀、务实思想作风、科学思想方法。

学而不思则罔，“不落筌蹄，不泥迹象”方得真味。很自然，我想到了“八大观”之中自己从事的意识形态工作。

经济工作是党的中心工作，意识形态工作是党的一项极端重要的工作。历史和现实也反复证明，能否做好意识形态工作，事关党的前途命运，事关国家长治久安，事关民族凝聚力和向心力。自己作为宣传思想战线的一分子，深感责任重大，唯有“一命而偻，再命而伛，三命而俯”。

空有热情也不行，“问难愈多，则精微愈显”，就必须克服“本领恐慌”。习近平总书记曾批评一些同志：新办法不会用，老办法不管用，硬办法不敢用，软办法不顶用。那么，面对互联网的挑战，自己到底有没有两把刷子？能不能在所谓的“纸媒寒冬”里和同事们一道趟出春风十里？想想，真冒汗。

马克思哲学观点认为，人类认识世界的能力是建立在社会实践的基础上的。“耳闻之不如目见之，目见之不如足践之”。只有经风雨、见世面，才能飞得更高、飞得更远。我想，不“虚谈废务”，不“纸上得来”，踏踏实实做事，这大概是每个共产党人自觉践行“四个全面”的不二之选。

2.4 小组会

2015-5-14 晚 晴

组长王军通知：晚上7：30到4号教室开小组会。

大家都很准时，王军开门见山：今晚集思广益，设计出咱们第四小组的组名、口号、组徽、组歌。

全班49人，由代锋、曾峻、汤立斌、郝向宏、张华清等组成了班委会，代锋为班长。班里共分四个小组，每组十二三个人。我分在第四组，该组12人，来自天南海北，各行各业。

起个好名字，可不容易，前些年广东人就经常自嘲：会生孩子，不会起名字。关于组名，有人提议：既然咱们是第四组，就叫“新四军”吧，

亲切、响亮，传播成本低。有人有异议：“新四军”离延安似乎远了点，不如叫“红四军”，红色传承嘛。也有人担心：“红四军”是不是历史上有争议……七嘴八舌，脑力激荡。

讲民主，举手表决，大家同意叫“新四军”。

那么，“红四军”到底咋回事？晚上查资料，史海钩沉，发现在中国工农红军史上，曾有过三支“红四军”。最早创建的红四军是朱德、毛泽东两军会师后，于1928年5月在井冈山建立的“红四军”，史称“朱毛红军”，这是红军史上第一支打出“红军”旗帜的部队。第二支红四军由贺龙等人于1928年6月在湘鄂西建立，全称是中国工农革命军第四军。第三支红四军是1931年在鄂豫皖边区建立，由许继慎为军长的红一军与蔡申熙等领导的红十五军合编，改称红四军。这三支“红四军”，在红军史上占有极其重要的地位，后来发展成为红军三大方面军。

组名事小，史实为大。我跟同学们讲了查到的资料，大家郑重决定：

立行立改，本组定名为“红四军”。改过迁善，未为晚矣，也是好作风。

口号，大家有共识：以习近平为总书记的党中央正在大力推进“四个全面”的战略布局，习近平总书记对县委书记提出了“心中有党，心中有民，心中有责，心中有戒”的“四有”要求，我们又是年轻干部班第四组，那就叫“践行四个全面，争做四有干部”吧。

组徽，颇让大家犯难。主要是没有制图工具、专业技能，很多创意无法实施。好在，本组聪明人多，有人支招：干脆因势借力，以中国延安干部学院标识为蓝本，下面画四条波浪纹……哈哈，大家鼓掌通过。据了解，学院标识的造型与寓意是：以毛体字的“中”字和“延安”汉语拼音首写字母“Y”、“A”为基本元素，上部造型为具有中国革命象征意义的“红五星”，既寓含“红星照耀下的中国”（历史），又寓含“中国在红色沃土上崛起”（现代），“红五星”顶角的延伸抽象地表现了革命圣地标志物——宝塔山，底部演绎为一本打开的书，寓意厚重的“沃土”、绵延的“延河”和强劲的“翅膀”，标志着学院的干部教育基地性质和培养中国未来之星的目标。

组歌，大家不约而同选了《打靶归来》：mi so la mi so，la so mi do re，夸咱们枪法数第一，一二三四，一二三四……

嘘，注意：“一二三”唱小声点，“四”唱大声点！

3.1 现场教学·宝塔山

2015-5-15　上午　晴

几回回梦里回延安，双手搂定宝塔山。

千声万声呼唤你——母亲延安就在这里！

是的，我们来啦。晨曦微露，雾气未收，我们已带着“小蜜蜂”耳机上路。

在宝塔山，我们排成四行，举起右手，重温入党誓词——我志愿加入中国共产党，拥护党的纲领，遵守党的章程，履行党员义务，执行党的决定，严守党的纪律，保守党的秘密，对党忠诚，积极工作，为共产主义

奋斗终生，随时准备为党和人民牺牲一切，永不叛党。熟悉的内容，特殊的地点，油然的自豪与庄严。远眺，有窑洞隐约，有延河奔流，有新城锦绣……伟乎壮哉！

想起胡适曾说过，大学毕业后最容易堕落的约有两类：第一是容易抛弃学生时代的求知识的欲望，第二是容易抛弃学生时代的理想的人生追求。重温，是一种点燃、唤醒和升华，是回到信仰本身——信仰是唯一不靠面包而存在的指引人奋然前行的力量，“没有信仰，则没有名副其实的品行和生命；没有信仰，则没有名副其实的国土”。

在延安革命纪念馆，我们凝神屏息，听老师钩元提要，讲那“靠小米加步枪得天下”的故事——

时光未远。“毛主席是在世界上最小的指挥所里，指挥了世界上最大的人民解放战争”，想一想，那红旗漫卷西北，那红星照耀中国，画面太

美不敢直视。

大道可期。面对黄炎培 “其兴也勃焉，其亡也忽焉”的“历史周期率”之问，毛泽东自信地回答：我们已经找到新路，我们能跳出这周期率。这条新路，就是民主。只有让人民来监督政府，政府才不敢松懈。只有人人起来负责，才不会人亡政息。

言犹在耳。毛泽东为“陕北公学”题词：要造就一大批人，这些人是革命的先锋队。这些人具有政治远见。这些人充满着斗争精神和牺牲精神。这些人是胸怀坦白的，忠诚的，积极的，与正直的。这些人不谋私利，唯一的为着民族和社会的解放。这些人不怕困难，在困难面前总是坚定的，勇敢向前的。这些人不是狂妄分子，也不是风头主义者，而是脚踏实地富于实际精神的人们。

……

所谓现场教学，就是以参观革命旧址、了解革命史实、缅怀先辈业绩为主要内容，以旧址为全新课堂，以史实为生动教材，“活化历史，让历史说话，不再填鸭”。这是中国延安干部学院教学的创新，颇受好评。中央政治局委员、中组部部长、中国延安干部学院院长赵乐际曾寄语学院：干部学院为党而办，干部学院姓“党”。一定要突出党性教育这个特色。特在哪里呢？特在“现场体验教学”上，特在“历史文献资源”上，特在“红色记忆资源”上，特在“社会实践教学”上。

我想，今天的现场教学，大家心里最柔软的地方，一定已经被深深打动。这不，同学们在回来的路上就打开了话匣子，论议风生，娓娓不怠。我想起了爱泼斯坦1944年对延安的描述：“我看到一个完全不同的中国，它与蒋介石的国民党中国迥然相异。这个中国充满希望，没有饥饿，没有失败主义情绪。延安使人感到未来的中国已经在今天出现。”柯仲平1939年的诗句也浮上心头：“青年，中国青年，吃的小米饭，延安穿的麻草鞋，为什么你要爱延安？青年回答：我们不怕走烂脚底板，也不怕遇上‘九妖十八怪’，只怕取不上延安的经典，不能变成最革命的青年。”我的脑海甚至已经奔涌起贺敬之的诗篇：枣园的灯光照人心，延河滚滚喊“前进”……身长翅膀吧脚生云，再回延安看母亲！

这种情感，不是简单的“过去的才是最美的时代”，不是梦幻似的“仍然拥有的仿佛从眼前远遁，已经逝去的又变得栩栩如生”，而是理性的致敬，向一切美好的事物，包括思想。

归根结底，人民有信仰，民族有希望，国家有力量！

3.2　老百姓为什么会骂我们

2015-5-15　下午　晴

下午自学。

推开窗，清风徐来，绿树婆娑，远山也如黛……一本《毛泽东在延安》（中央文献出版社2012年出版）就这样和我促膝交谈。

这本书视角别具——只截取1936—1948年这一段；坐标清晰——毛泽东在延安；内容聚焦——窑洞里的智慧。它最大的价值在于，可以让如今的读者，穿过历史的云烟，从延安红色的底色中，感受到当今的中国与昔日的延安一脉相承，进而从红色智慧中汲取营养，再出发。

书中讲了这么几件史实，读后久久不能平静——

一件是1941年6月3日，边区政府召开县长联席会议，天降大雨，延川县代县长李彩云在会场被雷电击死。事后，一个农民说："老天爷不睁眼，咋不打死毛泽东？"保安部门听闻后极为震怒，要把此事当作反革命事件来追查。毛泽东知道后，立即制止："你们倒是应该调查老百姓为什么会骂我们。"调查小组到固临蹲了两个月，发现由于边区军政人员太多，征收的公粮增加，老百姓负担过重，产生了不满情绪。《固临调查》报告指出：这些情形如不改变，则要进一步深入与加强我们的工作是不可能的。此事触动毛泽东开始反思政策，也正是发动轰轰烈烈大生产运动的诱因。再看看当下，多少官员听不得一点不同意见，更不消说咒骂了，动不动就扣帽子，因言治罪，哪里还有一点共产党人的影子？

一件是在延安时期，每逢文艺演出，毛泽东总是不忘派人请周围的群众一起来看。他察觉机关的人来得早，坐在了前边，便对机关人员说，老乡们收工晚，路又远，看戏的机会少，我们应该让他们到前边坐。此后每逢演出，大家就请老乡们坐在前面，这样就形成了一种"制度"。"从来治国者，宁不忘渔樵"，如此心中时刻装着百姓，百姓怎会不心心相印？！反观如今的一些干部，不仅不为民着想，反倒与民争利，百姓怎能不怨声载道？！习近平总书记曾给市、县委书记们念过一副对联："得一官不荣，失一官不辱，勿道一官无用，地方全靠一官；穿百姓之衣，吃百姓之饭，莫以百姓可欺，自己也是百姓。"这副对联，金声掷地，真应该被每一个共产党员牢记。

还有一件是毛泽东的烟草情结。毛泽东一生“烟不释手”，许多重大决策都是在烟雾弥漫中完成的。美国作家R·特里尔曾写道：毛泽东至少有60年的抽烟历史，可能任何国家的政治领导人抽的烟都不如他抽掉的卷烟多。只有一次，毛泽东控制住了烟瘾，那是为了人民的最高利益——1945年在重庆与蒋介石谈判时，因为蒋不抽烟，毛泽东始终未吸一支烟。蒋介石见状非常吃惊，对秘书陈布雷说：毛泽东实在不可轻视。

延安，在祖国的西北一隅，硬是托起了中国革命上升的弧线，长出了“为人民奋斗”的脊梁，成为指引中国人民抗战胜利的灯塔，代表光明与进步的革命圣地。1938年，瑞士记者博斯哈德就曾写道：“越接近延安，背着行装、徒步而来的青年人也愈来愈多。这些青年人被战火从学校里赶出来，背井离乡，期待在延安找到新的信仰归宿。”光阴荏苒，而毛泽东在此生发出的红色智慧，也历久弥新，熠熠生辉，值得更多的党员干部来溯源寻根，醒脑补钙，担起时代责任。

4.1 法治中国·不回避争论

2015-5-16 上午 晴

严格来说，我这不叫醒来。

可以很好地入眠，这里静极了。但绝大部分的时候，我选择醒着，因为舍不得这美景——看头顶叫作星空的景象，听窗外叫作山风的低吟，还有远处三两灯光的暖意……当然，还有学习的渴望。

有点惺忪，很快精神——上午，杨宗科教授讲《法治中国理论创新与全面依法治国》。

十八大以来，习总书记提出了以法治中国为奋斗方向、以全面依法治国为实现路径、以建设法治体系和法治国家为总目标的法治中国新理论，成为中国特色社会主义法治理论的最新成果。杨教授认为，“法治中国理论创新和实践，必将带来国家治理领域一场广泛而深刻的革命”。

杨教授以简驭繁，言无枝叶，从五个方面进行了讲述：一、法治中国理论的提出。2013年1月7日习总书记第一次明确提出这个概念，2014年10月十八届四中全会通过《中共中央关于全面推进依法治国若干重大问题的决定》，是中国共产党的法治宣言书、教科书、顶层设计书。二、法治中国的方向道路内涵——走中国特色社会主义法治道路。解决举什么旗帜、走什么道路的问题。三、法治中国理论的战略布局内涵——为“四个全面”战略布局提供制度保障。解决为谁服务、怎么服务的问题。四、法治中国理论的目标任务内涵——建设中国特色社会主义法治体系。解决建设什么、怎么建设的问题。五、法治中国理论的实现路径——全面依法治国。

杨教授不回避争论，直面当前的敏感问题——

关于“党大还是法大”，杨教授说，中国共产党是历史和人民选择的执政党，是政治组织，是社会主义法治建设的政治领导核心，法治作为治国理政的基本方式，二者之间不存在孰大孰小的问题。党领导立法，保证执法，支持司法，带头守法。“‘党大还是法大’是一个政治陷阱，是一个伪命题”、“我们讲依宪治国、依宪执政，不是要否定和放弃党的领导，而是强调党领导人民制定宪法和法律，党领导人民执行宪法和法律，党自身必须在宪法和法律范围内活动”。

关于“法大还是权大”，杨教授说，执政党的执政权以及国家的立法权、执法权、司法权都是通过各级党组织、国家机关和领导干部具体行使的。因此，“如果说‘党大还是法大’是一个伪命题，那么，‘权大还是法大’则是一个真命题”。把权力关进制度的笼子里，就是要依法设定权力、规范权力、制约权力、监督权力。从这个意义上讲，就是法大于权。

关于所谓的“宪政”问题，杨教授说，我国人民民主与西方所谓的“宪政”本质上是不同的。西方宪政理论的核心是实行三权分立和多党制，中国共产党领导的多党合作和政治协商制度，是符合中国国情的政党制度，中国社会主义法治是共产党领导、人民当家做主、依法治国相统一的法治。“总体上说，在当代中国，‘宪政’这个概念是不适用的。”

如饮醍醐，如沐春风。

我在想，我们不是讲“道路自信、理论自信、制度自信”吗？那么，我们的理论工作者，有必要讲清楚这些有争议的问题，以正视听，避免人心被蛊惑；我们的实际工作者，也要通过真抓实干，来回应这些问题。“青年们尽可以张开眼睛，用自己的判断力以决定自己的前途。”

“法，国之权衡也，时之准绳也”。十八届四中全会已绘制了法治中国的时间表、路线图，全社会都应当守文持正，“法不阿贵，绳不挠曲”，铿锵前行。

4.2 分组研讨

2015-5-16 下午 晴

这么快，分组研讨就来了。

培根说过：讨论犹如砺石，思想好比锋刃，两相砥砺将使思想更加锋利。莱布尼茨也说过类似的话：唯有相互交流我们各自的才能，才能共同点燃我们的智慧之灯。总之，讨论使人进步。

研讨的主题是如何理解、贯彻习近平总书记系列重要讲话精神。全组12人一致认为，习近平总书记的系列重要讲话，是实现中华民族伟大复兴中国梦的科学指南，是进行许多具有新的历史特点的伟大斗争的强大思想武器，是指引年轻干部投身“四个全面”战略布局的最为鲜活的马克思主义。

研讨气氛热烈，大家各抒己见，各逞才思，各有侧重，各有精彩。印象最深的是，大家在生态保护上讨论得热火朝天。有同学直言：如果我们发展到“水不敢喝、菜不敢吃、空气不敢呼吸”了，这样的发展还有意义吗？！也有同学忧虑：发展是硬道理，硬发展没道理吧？

物不因不生，不革不成。大家都比较关注广东的改革，我来自广东，回应关切责无旁贷。没有什么准备，硬着头皮结合平时所思谈了《学习习近平总书记系列重要讲话精神——全面改革观之我见》——

十八大之后，习近平总书记第一次到地方调研，就选择了广东，他解释说：“之所以到广东来，就是要到在我国改革开放中得风气之先的地方，现场回顾我国改革开放的历史进程，宣示将改革开放继续推向前进的坚定决心。”他强调，改革开放是我们党的历史上一次伟大觉醒，正是这个伟大觉醒孕育了新时期从理论到实践的伟大创造。实践证明，改革开放是当代中国发展进步的活力之源，是我们党和人民大踏步赶上时代前进步伐的重要法宝，是坚持和发展中国特色社会主义的必由之路。他要求广东“改革不停顿、开放不止步”。

要正确处理好“顶层设计与摸着石头过河”的关系。很长一段时间内，我们强调“摸着石头过河”，鼓励探路，允许试错，宽容失误，“允许改革失败，不允许不改革”，那是发展的需要、时代的产物。现在，我们注重顶层设计，主张下好先手棋，强调要在深入调研的基础上把握规律性、讲究全局性，以减少改革的风险性、盲目性、片面性。但智出乎争，“摸着石头过河”的方法仍要坚持，仍然需要采取先试验、后总结、再推广的方法，充分尊重基层的首创精神，从实践中获得教益。顶层设计与摸着石头过河，在改革实践中是辩证统一的，不能割裂、孤立，而要双重驱动，有机结合。

要正确处理好“胆子要大与步子要稳”的关系。客观地说，改革开放以来，我们比较多宣传“胆子要大”，鼓励闯的精神、“冒”的干劲、“破”的勇气……在新的历史条件下，强调步子要稳，体现的是我们深化改革的策略、方法和艺术。改革已进入攻坚期和深水区，需要破解的难题增多、难度加大，一着不慎可能满盘皆输，因此一定要“稳、准、狠”。

但我们依然要讲“胆子要大”，以攻克体制机制的顽瘴痼疾，突破利益固化的藩篱围蔽，进一步解放和发展社会生产力。胆子要大与步子要稳有机结合、熔于一炉，才能“又快又好”。

要正确处理好“解放思想与实事求是”的关系。小平同志说过：“解放思想，就是使思想和实际相符合，使主观和客观相符合，就是实事求是。”没有思想的真正解放，就做不到实事求是。没有真正的实事求是，也做不到解放思想。从这个意义上说，要全面深化改革，就必须坚持解放思想和实事求是相与为一，大众创业，万众创新，既勇于探索又善于实干，既理论引领又躬体力行。也只有这样，才能保证“四个全面”落到实处。

全面改革观，体现了更大的政治勇气、智慧和担当。“没有比脚更长的路，没有比人更高的山”，只要我们一步一步推进，一项一项突破，我们民族复兴的中国梦一定能够实现。在这个伟大的征途上，广东只要驰而不息，久久为功，一定会勇立潮头，再谱华章。

一孔之见，敢布腹心，贻笑大方啦。

4.3　趣味运动会

2015-5-16　晚　晴

今晚，趣味运动会，乐翻了天。

此前，各小组已进行了“秘密”训练，都盼着一展雄风。

先是各小组的形象展示。此时，四个组的“真面目”才一一揭开。第一组，起名“光明”，寓意前路灼灼辉辉；第二组，取意“岩石”，借指“三严三实”足踏实地；第三组，气壮“山河”，冀望宝塔山延水河永驻于心；第四组，本组，扛起“红四军”的大旗，猎猎华风，一心向前！

小组拉歌，各逞唱功。《中国人民解放军军歌》、《我们走在大路上》、《团结就是力量》、《打靶归来》……那个嘹亮，那个整齐，那个穿越，那个给力，不说了，你懂的。

接下来，是激烈的小组比赛。比赛分为三项：定点投篮、投掷飞镖、托球接力。要求人人参与，至少一项。

再看这些平时文质彬彬的司长、厅长、市长们，此时无不奋发自雄，各显神通，身手矫健。有的是神投手，有的像飞镖将军，有的堪比托塔天

王……哈哈，开眼界了。

本组战绩不错，拿了两个第一（注：因有争议，托球接力比赛后来改了名次），一个并列第二。

本人网名是“老李飞小刀”，为名实相符，故报名“飞镖大赛”。三掷全中，共计19分，也算是对本组荣光小有贡献。

赛后，自由活动。我和刘延军、多吉次仁切磋了一下乒乓球。好久未

练，手生、身拙……“欲文明其精神，先自野蛮其体魄”，看来体育非小事，要加强锻炼啦。

记得美国人马海德曾在《忆延安时期的体育生活》中写道：“延安那时开展的体育运动项目很多，我见到的有篮球、排球、乒乓球、田径、做集体操、举重、游泳、爬山、滑冰等，这里竟然能够打上网球，是我们未曾想到的事。军事体育项目有掷手榴弹、耍大刀、赛马等。每天，当太阳从东方升起，战士、学生、工人和机关干部都成群结队地跑步，做集体操。午间，篮、排球场上总有排成长龙似的队伍，大家轮流换班打球。球场周围站满了观众，很自然地形成‘拉拉队’助威。夕阳西下，吃过晚饭后，山坡沟渠和延河两岸就更热闹了，球场上，空地上都是锻炼的人群，还有许多人在跳集体舞，做集体游戏。”

领导也都带头锻炼。当时在延安大学工作的燕斌后来回忆说，晚饭后去王家坪前的桃林散步时，“多次看到朱德和战士同场打篮球，在场上来回奔跑争抢”，“1942年秋，120师战斗篮球队由晋西北来延安参加篮球比赛……120师师长、陕甘宁晋绥联防司令部司令员贺龙同志，也是每场必到”。

身体必须不断运动，脑筋才会开动起来。牢记！

5.1 学员论坛

2015-5-17　上午　晴

一场小小的“争鸣”出现在上午的学员论坛上。

一方是王军，主张着力在农村推行金融改革，便民惠民；一方是赵安华，主张集中精力，加强基层党组织建设。双方热烈探讨，智慧闪烁……大家感慨：这样有益的争鸣，在当下太缺乏了，这才叫学习。

今天有八位学员登台发言，并接受提问——

题目一：我国航空发动机行业情况报告。主讲人：杨鲁峰（中国南方航空工业集团公司总经理）。关键词：自信。金句：我国只落后半步。

题目二：我国汽车产业现状及发展趋势。主讲人：冯小东（中国第一汽车集团公司审计部部长）。关键词：自主。金句：小康社会一定是小车社会。

题目三：基层党风廉政建设工作体会。主讲人：李国军（重庆南川区委常委、纪委书记）。关键词：风险。金句：能力不足是最大的风险，在党的领导下，没什么大不了的风险。

题目四：依法治国与司法改革。主讲人：胡夏冰（最高人民法院司改办审判员）。关键词：顶层设计。金句：建立以法官为中心的法院，让审理者裁判，由裁判者负责。

题目五：中国文化“走出去”的战略思考。主讲人：彭龙（北京外国语大学校长）。关键词：摇篮。金句：大国必须开设超过100个语种，把世

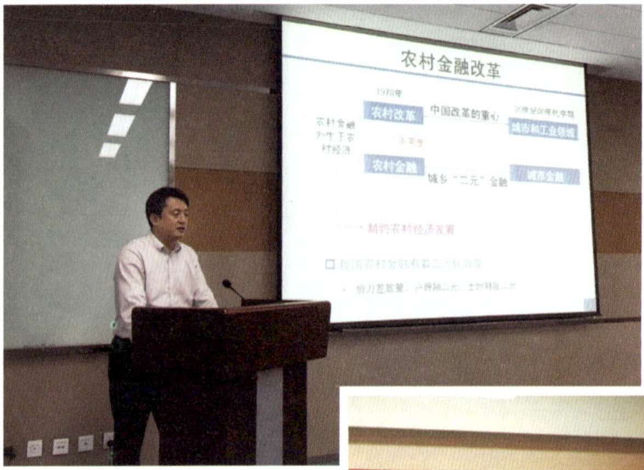

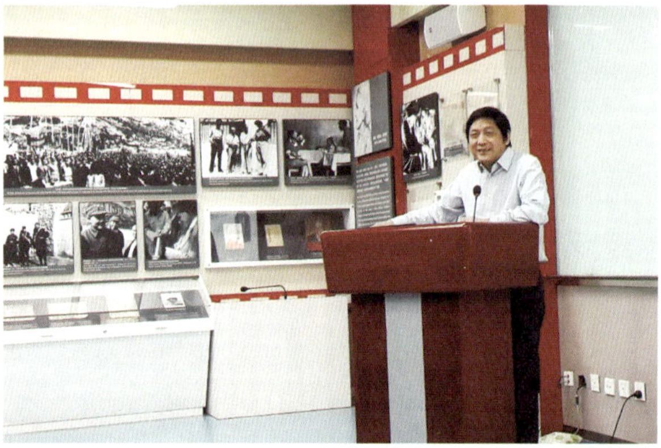

界介绍给中国，把中国介绍给世界。

题目六：中国核电与核安全的相关问题。主讲人：卢洪早（三门核电公司总经理）。关键词：专业。金句：核安全，是我们的生命线。

题目七：农村金融改革的田东模式。主讲人：王军（百色市委常委、田东县委书记）。关键词：信用评级。金句：有效往城镇集中，有效往村部集中。

题目八：我国农业技能人才的培养。主讲人：张晔（农业部人力资源开发中心副主任）。关键词：粮食安全。金句：习总书记说“饭碗里必须主要装我们自己生产的粮食”。

……

有宏观思维，也有具体实践，有部委声音，也有企业思辨……成败得失，真知灼见，俱在一席谈。特别是对经济数据，他们都是信手拈来，如数家珍。而我，对数据天生不敏感，看来得尽快把这个短板补上。

知识就像烛光。不分享，只能照亮一个人，一小片儿，一丁点儿；分享了，就能照亮一群人，一屋子，一方新天地……学员论坛的分享，让知识更有价值。

5.2 《从井冈山到延安》

2015-5-17　下午　晴

1956年2月，董必武为中共一大会址题词：作始也简将毕也钜。

这题词出自《庄子》，是说有些事情开始极其微小，不被重视，后来却发展壮大起来，成就了一番大事业。这句富有哲理的题词正是中国共产党的真实写照。下午，王健教授讲《从井冈山到延安》，就印证了这一点。

王健教授，学识渊博，妙语解颐。这么大跨度的课，他束广就狭，讲得

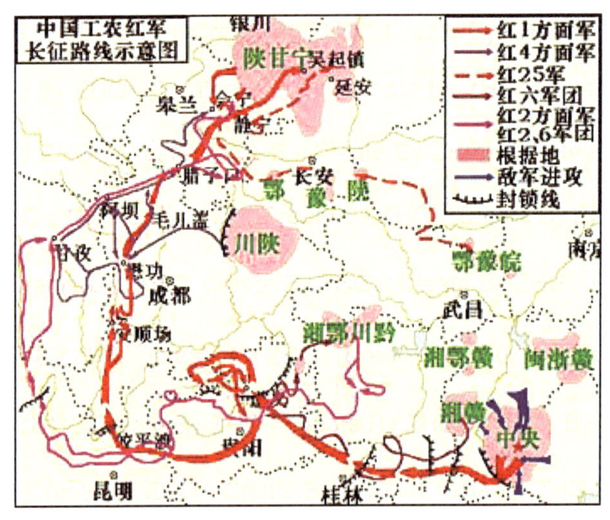

深刻而生动。他说：从井冈山到延安（1927—1937年）这10年的风雨历程，党和革命有胜利和成功的丰富经验，也有挫折和失败的惨痛教训，主要是在毛泽东的影响下，终于使我们党由幼年走向成熟，使中国革命突破“城市中心”的模式而走上“农村包围城市”的正确道路；马克思主义中国化的第一个成果——毛泽东思想也由萌芽、初步形成而达到逐渐成熟，在延安被确立为全党的指导思想。接着，他主要讲了四个方面的内容：一是井冈山的斗争与“农村包围城市、武装夺取政权”理论的形成；二是革命运动的曲折发展和“左”倾错误的危害；三是遵义会议的转折和长征的胜利；四是从井冈山到延安的历史启示。

一是井冈山的斗争。毛泽东说：“我们被人家一巴掌打在地上，像一篮子鸡蛋一样摔在地上，摔烂很多，但没有都打烂，又捡起来，孵小鸡。”二是曲折发展。博古检讨：“目空一切，看不起任何人，不请教任何人，觉得我比任何人都高明。”他到长汀时，有人提议去看一下正在疗养的毛泽东，他说：毛泽东有什么可看的。三是遵义会议和长征。朱德咏遵义会议：群龙得首自腾翔，路线精通走一行。左右偏差得纠正，天空无限任飞扬。刘志丹见了毛泽东说："谢谢党中央救了我们，救了陕北根据地！"毛泽东说："你们也救了革命，给党创造和保住了这块长征的落脚点和革命的出发点。陕北这个地方，在历史上是有革命传统的，李自成、张献忠，就是从这里闹起革命的。这里群众基础好，地理条件好，搞革命是个好地方呀！"四是从井冈山到延安的历史启示：（一）坚持了独立自主的原则，依靠自己的力量"走自己的路"战胜各种艰难险阻。毛泽东说："中国人的事要自己干，相信自己"，"一、相信自己。二、不要朋友是不对的"。（二）对革命的无限忠诚和对党的坚定信念。毛泽东说："我们完成了空前伟大的远征，是历史上从来没有过的。自从盘古开天地，三皇五帝到于今，历史上曾经有过我们这样的长征吗？……没有，从来没有的。"（三）共产党员必须顾大局，守纪律。遵义会议后，周恩来同博古长谈：我们都不适合做统帅……使博古解开了思想疙瘩，服从革命事业的需要，对推动毛泽东进入中央政治局常委起了重要作用。（四）对革命事业要有敢于担当的精神。1935年10月，中央红军到达陕北时只剩下七千多人，成了皮包骨。毛泽东说："留下来的是革命的精华，都是经过严峻锻炼与考验的。留下来的同志不仅要以一当十，而且要以一当百、当千，和陕北红军、陕北人民团结一致，开创中国革命新局面。"

随着王教授深入浅出的讲解，一幅艰苦卓绝的长征画面，也在我们面前徐徐铺展。正如习总书记所说，"长征是一部中国革命的百科全书，长征精神集中体现了党和红军的优良传统和作风，是中国共产党人世界观、人生观和价值观的全面展示"，"长征迸发出一种绵延不绝的精神力量"。

这力量是铁，这力量是钢，比铁还硬，比钢还强。看看这样一组数字吧：中央红军在路上一共368天，其中有15个整天用于打大的决战，平均每天都有一次遭遇战；整个长征途中，只休息了44天，平均走182公里才休整一次，平均每天行军37公里；共翻越了18座山，其中5座山终年积雪；渡过了24条河流；转战了十多个省……毫不夸张地说，这样的英雄史诗，只有中国共产党和它领导的军队才可以写就！

而红军长征时，领导这个党和军队的，其实是一群年轻人——中央政治局委员、临时中央负责人博古，27岁；中央政治局委员张闻天，34岁；中央政治局委员毛泽东，41岁；中央政治局委员、红军总司令朱德，48岁；中央政治局委员、红军总政委周恩来，36岁；中央政治局委员陈云，29岁；中央政治局候补委员、红军总政治部主任王稼祥，28岁；中央政治局候补委员刘少奇，36岁；中央政治局候补委员邓发 ，28岁；中央政治局候补委员凯丰，28岁；红军总参谋长刘伯承 ，42岁。

青春无边，奋斗以成。我想，作为年轻干部，必须坚定理想信念，“苟利国家生死以，岂因祸福避趋之”。只有这样，青春才值得回忆。

信仰，就是生命之光。

5.3 学唱

2015-5-17 晚 晴

听，那荡气回肠，唱的是什么？

听，那婉转悠扬，唱的是什么？

那散发着泥土芬芳的，流淌着大河浩荡的，又是什么？

是陕北民歌。

今晚的激情教学，就是学唱革命歌曲、陕北民歌。

教我们的是曹琨教授，地道的陕北人。他嗓子好，热情高，又风趣，大家完全被他带起来了，激情澎湃。

两个多小时，我们学唱了六首歌曲：《东方红》、《抗日军政大学校歌》、《保卫黄河》、《南泥湾》、《泪蛋蛋抛在沙蒿蒿林》、《山丹丹开花红艳艳》。女生五人组，唱得韵味十足；男生43人大合唱，有没有唱出“拦羊嗓子回牛声”呢？嗯，反正曹教授说“唱到这个水平不容易”，哈哈。

在学院网站上看到，浙江中青班学员叶晓华含宫咀征，刚刚作了《学唱陕北民歌》以述其事：建党艰难苦战多，延安驻马意如何？信天游伴安塞鼓，四面频传大风歌。

的确，陕北民歌充满了高亢之风，豪迈之气，藉口头传唱而兴，靠集体编创而盛，曾经“唱红了天”、“唱出了一个新世界”。全国闻名的曲目就有《走西口》、《兰花花》、《绣金匾》等等。陕北民歌之所以能经久不衰，主要得益于它来源于民间，来源于人民“感于哀乐，缘事而发”，是真正的“山野之声、里巷之曲、老百姓的歌”。

兹录《抗日军政大学校歌》于后，铭记。听，那旋律仿佛已起——同学们，努力学习，团结、紧张、严肃、活泼，我们的作风；同学们，积极工作，艰苦奋斗，英勇牺牲，我们的传统……

抗日军政大学校歌

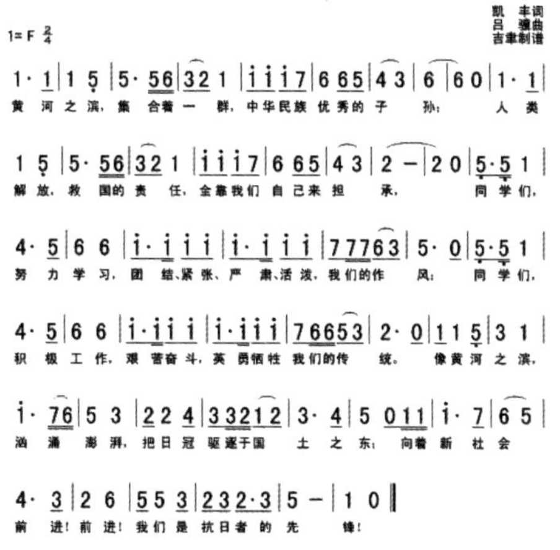

1=F 2/4

凯　丰词
吕　骥曲
吉聿制谱

1· 1 | 1 5 | 5· 56 | 321 1 | 1 1 1 7 | 6 65 | 4 3 | 6 | 6 0 | 1· 1 |
黄河之滨，集合着一群，中华民族优秀的子孙；人类

1 5 | 5· 56 | 321 1 | 1 1 1 7 | 6 65 | 4 3 | 2 – | 2 0 | 5·5 1 |
解放，救国的责任，全靠我们自己来担承，同学们，

4· 5 | 6 6 | 1· 1 1 1 | 1· 1 1 1 | 77763 | 5· 0 | 5·5 1 |
努力学习，团结、紧张、严肃、活泼，我们的作风；同学们，

4· 5 | 6 6 | 1· 1 1 1 | 1· 1 1 1 | 76653 | 2· 0 | 1 1 5 | 3 1 |
积极工作，艰苦奋斗，英勇牺牲我们的传统。像黄河之滨，

1· 76 | 5 3 | 2 2 4 | 33212 | 3· 4 | 5 011 | 1· 7 | 6 5 |
汹涌澎湃，把日冠驱逐于国土之东；向着新社会

4· 3 | 2 6 | 5 5 3 | 232·3 | 5 – | 1 0 ‖
前进！前进！我们是抗日者的先锋！

6.1 党中央在延安十三年

2015-5-18 上午 晴

延安，历来是形胜之地，“处万山峡谷之中，三山鼎峙，二水带围”、“秦地之锁钥，塞北之咽喉”。

党中央在延安的十三年，是中国共产党由弱变强、转败为胜的十三年，也是毛泽东思想日益成熟、丰富发展的十三年，还是延安精神精心培育、发扬光大的十三年。

怎样认识这段传奇的历史？杨延虎教授上午专门讲授了《中共中央在延安十三年》。

杨教授的讲授思路清晰，不蔓不枝，共分三个部分——

一、延安是中国共产党的圣地。一曰革命圣地，陈毅赋诗说：百年积弱叹华夏，八载干戈仗延安，试问九州谁做主？万众瞩目清凉山。二曰人才圣地，党中央在延安创办了30多所各类干部学校，无数青年成长为中国革命的栋梁之材。三曰延安精神的发祥地。

二、党中央在延安十三年（1935.10.19—1948.3.23）的辉煌业绩。（一）领导争取民族独立人民解放斗争取得决定性胜利。（二）实现马克思主义中国化的第一次历史性飞跃，毛泽东思想“多方面展开而达到成熟”，并被确立为党的指导思想。延安时期，毛泽东的著书立说被收入《毛泽东选集》112篇，占其总数159篇的70%。（三）开创和实施党的建设伟大工程，把党建设成为马克思主义政党。（四）全面进行新民主主义政治、经济、文化建设，积累了局部执政的成功经验。（五）在革命斗争中培育延安精神。邓小平说“从延安到新中国，我们靠的就是延安作风、延安精神”。

三、党中央在延安十三年创造辉煌业绩的基本经验。延安时期，中国共产党靠小米加步枪，何以得天下？毛泽东总结了“三大法宝”——统一战线、武装斗争、党的建设，强调指出“党是掌握统一战线和武装斗争这两个武器以实行对敌冲锋陷阵的英勇战士”。（一）解放思想，实事求是，积极推进理论创新。（二）坚持“着重从思想上建设党”，精心培养一支高素质的干部队伍。（三）弘扬延安精神是共产党人的庄严责任。延安精神是坚持和发展中国特色社会主义的精神动力，是教育共产党员和人民群众的活生生的宝贵教材，它为加强党的先进性和纯洁性建设提供了弥足珍贵的经验。

针对学界和社会上对延安整风的一些议论和说法，杨教授旗帜鲜明：历史研究不能主观预设，哪怕是用一些文件来印证预设的立场、观点也是不科学、不客观的。他认为必须明确三点：首先，这样的整风检查对于解决教条主义发生的作用是无可替代的。其次，高级干部的整风检查是真心诚意的。第三，整风检查对于个人在党内地位肯定会产生显而易见的影响。如刘少奇，在党内地位得以提高。“不用讳言，第一代党中央领导集体形成过程肯定是党内权力重新分配和调整的过程，但不能把延安整风看成是权力斗争的运动。延安整风的方针是什么？毛泽东说‘打倒两个主义（主观主义、教条主义），把人留下来’，要团结犯错误的同志一道继续工作。七大选举，毛泽东力主王明当中央委员，为王稼祥当候补委员做解释工作”。

通过学习，我对两个故事印象深刻。一是1946年清明节，毛泽东送毛岸英到劳动英雄吴满有家里上“劳动大学”，临行前叮嘱了三件事：到农村是要吃小米饭的，不能半途而废；要尊重别人，不能喊别人名字；农村是有虱子的，有水就多洗几次，没水就多捉几次。二是1937年10月发生了“黄克功案件”——红军团级干部黄克功因逼婚未遂枪杀了陕北公学女学员刘茜，毛泽东给高等法院院长雷经天写信：黄克功必须枪毙，不能赦免，理由是“正因为黄克功不同于一个普通人，正因为他是一个多年的共产党员，正因为他是一个多年的红军，所以不能不这样办。共产党与红军，对于自己的党员与红军成员不能不执行比一般平民更加严格的纪律”（如下图）。

高等法院日前

公審黃克功槍殺劉茜案

羣衆要求槍決嚴肅革命紀律

本報特訊：邊區最高法院，十一日組織公審黃克功槍殺劉茜案，審訊結果，黃克功自己承認，因為劉茜拒絕他的求婚要求，而實行強迫，終於不遂而以手槍擊殺劉茜。這是邊區中從來所未曾見過。黃克功這種卑鄙行為，是一個革命軍人所不容許的。這樣為著個人戀愛，拋棄了過去艱苦鬥爭光榮歷史，不顧目前抗日救國的重大任務，破壞紅軍紀律，違犯革命政府的法令，以殘忍手段，槍殺革命同志，這是革命隊伍中的敗類，凡每一個到會的同志，無不咬牙切齒，痛斥這種行為是殘無人道的，一致要求法庭實行槍決，以振肅革命紀綱，法院為執行群衆要求與法律紀見，特於公審大會將黃克功執行槍決。

关于黄克功事件的报道

Reports on Huang Kegong Incident

这两天恰好读《延安时期党的建设》、《延安时期与中国共产党的发展》、《延安时期廉政建设史论》等书，摘录毛泽东在延安的几段话：

——有许多人，“下车伊始”，就哇啦哇啦地发议论，提意见，这也批评，那也指责；其实这种人十个有十个要失败。因为这种议论或者批评，没有经过周密调查，不过是无知瞎说。

——共产党人必须随时准备坚持真理，因为真理都是符合于人民的利益的；共产党人必须随时准备修正错误，因为任何错误都是不符合人民利益的。

——我们的共产党员，无论在什么问题上，一定要能够同群众相结合。如果我们的共产党员，一生一世坐在房子里不出去，不经风雨、不见世面，这种共产党员，对于中国人民有什么好处呢？一点好处也没有。我们不需要这样的人做共产党员。我们共产党员应该经风雨、见世面。

这十三年，梯山航海，停辛伫苦，该是怎样的励精图治，又是何等的波澜壮阔。静思……

6.2 抗大·“四八”烈士

2015-5-18　下午　晴

“黄河之滨，集合着一群中华民族优秀的子孙……”

下午，抗大纪念馆里，全班高唱《抗日军政大学校歌》，真是锵金铿玉，遏云绕梁。与平素不同，这是在现场，心的歌唱，灵魂的共鸣。既是一种特殊的学习，也是一种崇高的致敬。

“抗大抗大越抗越大”。李瑞芳老师说，抗大办校近十年，为我党培养军政干部达十多万人。他们学成后奔赴新的岗位，成为革命和建设事业的砥柱中坚。

抗大，这所驰名中外的窑洞大学，办学条件十分艰苦，“认字就在背包上，写字就在大地上，课堂就在大路上，桌子就在膝盖上”。但抗大师生以苦为乐，自己动手挖窑洞，筑校舍，开荒种地，挖煤烧炭，没有纸张就在沙盘上练字，没有钟表，就用石晷计时……正如毛泽东所说：“过着石器时代的生活，学习着当代最先进的科学——马克思列宁主义”，“抗大像块磨刀石，把那些小资产阶级意识——感情冲动、粗暴、浮躁、没有耐心等等的意识，磨个精光，把自己变成一把雪亮的刺刀，去革新社会，打倒日本”。埃德加·斯诺也在《西行漫记》中感慨：有什么别的学校由

于纸荒而不得不把敌人的传单反过来当作课堂笔记本使用？以窑洞为教室，石头砖块为座椅，石灰泥土糊的墙为黑板，校舍完全不怕轰炸的这种“高等学府”，全世界恐怕只有这么一家。

物质贫穷，精神富有，理想远大。《抗大学习法》明确指出：“我们的学习目的与资产阶级相反，我们不把学习看作‘镀金’、‘镀银’，装装门面的事，而是为了提高每个革命青年的政治觉悟与理论水平，使每个革命者能更好地献身于民族解放与阶级解放的伟大事业。”毛泽东要求学员：“不是为了自己，而是为了全国四万万五千万同胞，不是为了自己的家，而是为了四万万五千万同胞的家，牺牲一切。所以第一个决心是要牺牲升官，第二个决心是要牺牲发财，第三更要下一个牺牲自己生命的最后决心！”

这“三个牺牲”，今天听来，是多么振聋发聩！如果我们共产党人都始终不渝地坚持这样的信仰和追求，还有什么不能够实现？！

那么，抗大成功办学的经验有哪些呢？一，坚定正确的方向。毛泽东说抗大是我们共产党自己办的学校，因此学校始终把培养学员坚定正确的政治立场和政治信仰作为教育的灵魂和中心环节。毛泽东不仅亲自担任抗大教育委员会主任，而且亲自制定教育方针、校训，亲自讲课，“三天一小讲，五天一大讲”。比如，毛泽东为抗大第2期学员讲《辩证唯物论》，历时3个多月，授课110多个课时。二，坚持名将办校、名师治学。在抗大教员的名单里，有张闻天、徐特立、毛泽东、艾思奇，还有博古、周恩来、林彪，等等，可谓名家荟萃，将星云集。抗大的历届领导，比如刘伯承、徐向前、罗瑞卿、滕代远、何长工等，都是久经沙场的战将。他们改变了旧学校那种“填鸭式”的教学方法，创造了“启发式”、“实验式”、“研究式”等教学方法。毛泽东曾回忆说：我只讲30分钟，让学员自己去研究，然后提出问题，教员解答。三，坚持理论联系实际的教学原则。从教育方针、课程设置、教学方法到教材、学制等，抗大都是以充分的备战姿态进行的。如，学员可以随时入学，随时毕业，每期军事科目学习结束必须组织战斗演习，学员经常参加实际战斗，等等。

屏息聆听。脑海一次次浮现毛泽东为抗大的题词：“不但要有革命热忱，而且要有实际精神。”

现场教学的第二站，是“四八”烈士陵园。

我们敬献了花圈，三鞠躬，表达对王若飞、秦邦宪、叶挺等遇难烈士的无尽哀思和深情缅怀。

墓园寂静，风和日暄，冯建玫老师深情地讲述——

长眠在这里的英灵中，有叱咤风云的英武战将，有才华横溢的江南才俊，有机智勇敢的谍海英雄，他们为了一个共同的追求来到这里，也因了这共同的追求而含笑九泉。

此刻，当我们抬头四望，典型的黄土高原地貌尽收眼底。这里，曾经是外国记者眼里中国最贫穷、最落后的地方；这里，又的确是中国共产党人书写成功史诗的传奇之地。在游人如织的延安，驻足在并不伟岸的宝塔山下，徜徉于低矮的土窑洞里，一个困惑几乎是所有来到这里的人们都要问的：70多年前，汇聚在这里的共产党人究竟是一个什么样的群体，他们如何可以成就一个政党的辉煌，开启一个民族的复兴？每当面对这个问题，我的脑海中便会浮现出这座陵园和那些熟悉的名字，他们不正是那个群体当中的代表吗？今天，就让我们透过几位烈士的生命历程，去探寻那一个群体的精神世界。

位于这个陵园中轴线上的烈士，王若飞，贵州安顺人，因为喜欢《木兰辞》中"万里赴戎机，关山度若飞"的豪情壮志，便给自己改名"若飞"。19岁追随舅父黄齐声先生参加"反袁运动"，从此走上革命道路。曾先后留学日本、法国和苏联，参加过学生运动，领导过工人运动、农民运动，做过党的宣传、组织、统战、军事、少数民族、外交等多项工作，是党内难得的一位"全才"。重庆谈判中，沈钧儒先生形容他"辩争众口，屹然不动"，其卓越的外交才能在他逝去后很多年依然为人们所称道。他拥有深厚的理论功底、丰富的实践经验以及非凡的才干，但最令人折服的，是他作为一名革命者的豪迈与坚贞。1931年10月至1937年5月，王若飞被捕入狱长达5年零7个月，其间，面对敌人严刑拷打、威逼利诱，他始终凛然面对：对他施以酷刑逼他招出同志，他回答"招"字早就从他的字典里抠去了；把他押上刑场，用八支步枪指着头颅，他神态自若，毫无畏惧；将他带入法庭，他理直气壮高声宣讲马克思主义；把他关进囚牢，他组织政治犯高唱国际歌，还建立党小组成功领导了绝食斗争。时任绥远主席的傅作义欣赏他的胆识与才华，当面许他以高官厚禄，王若飞则晓以民族大义规劝傅作义反蒋抗日。阎锡山也曾派人劝降，王若飞一言以对——“我只为共产党做事”。他对前来探望的舅父说：如果为了一个人的存活，而背叛了千万人的解放事业，被千万人唾弃，我活着还有什么意思？他从衣服上撕下一尺白绸，用诗一样的语言与妻子道别：别了，我们在红旗下相聚，又在红旗下分手，战士们虽然在红旗下倒下，但革命的红旗却永远不倒，它随着战士的血迹飘扬四方。面对死亡，他如此冷静；面对革命的未来，他却豪情万丈、积极面对，5年多的牢狱生涯，折磨了他的躯体，却丝毫也无法消磨他的意志。他写下了三十多万字的各类文章，其中一封“劝傅作义将军抗日书”就长达万言，将一个共产主义者的热忱与自信挥洒得淋漓尽致。面对这样的一个对手，傅作义不得不感佩：人才都出在共产党那里了。我想，他感佩的不仅仅是才华，而是坚贞的信仰给予这位共产党人的强大精神力量。

我想要追忆的第二位烈士是秦邦宪，他是江苏无锡人，名门之后。因苏联名字音译为博古诺夫，因此又名博古。少年时代即投身革命，才华横溢。18岁加入中国共产党，赴苏联学习期间与米夫、王明等结识。24岁即担任中共中央总负责人，因路线错误对党的事业造成了严重损失。小时候，他是最让我们感到困惑的人物了，历史书中，他的名字总与错误相连，为什么却可以被后人如此的尊重和怀念？那时候不会懂得，“知耻而后勇”是一种多么值得崇敬的品质。遵义会议后，秦邦宪没有以一己之私采取消极甚至对抗的态度，而是表现出了一位共产党人的党性原则和磊落胸怀，在交出印章和文件箱的同时，他就对周恩来说“今后分配我做什么工作都可以，我保证完成任务”。在其后的人生中，他在组织安排的每一个岗位上努力工作，在和平解决西安事变、组建新四军等重大事件中发挥了重要作用，尤其是为我党新闻事业的发展立下了卓越功勋。1941年他在延安主持创办中共中央机关报《解放日报》并任社长，同时兼任新华社社长、中央出版局局长，堪称我党新闻事业的奠基人。而他对自己错误的反思一直在持续，认识也日益深刻。在七大发言中，他总结自己所犯的错误“罪孽深重，百身难赎”；所担的责任：我是所有一切错误发号施令的司令官，各种恶果我是最主要负责人，这里没有之一，我是最主要负责人。对自己剖析之深刻、对责任承担之彻底，足以令所有人为之称道。“知耻而后勇”，他将自己投身工作，呕心沥血，竭尽所能。一位同事的回忆文章中有一段描述很具体：每日凌晨，副总编打铃喊“上早班的同志起床了”。不久，博古到早班办公室审《解放日报》新闻稿、终审副刊稿，下午与晚上审新华社的稿与处理各单位行政工作，去中央政治局开会是上马就跑。瞅空用砖头压着原著，斜放在小桌上，抬头看原著，低头写译文。清凉山众人皆知，博古熄灯最迟。由此段描述，我们仿佛可以看到当年在延安清凉山上，博古忙碌的身影。难得的是，此时的博古依然拥有着明朗的心态。工作之余，他最爱和孩子们玩耍，笑声洪亮、爽朗，很远都能听到。曾担任《解放日报》副刊主编的丁玲用“聪明、朝气、明朗、愉快”来描写她所认识的秦邦宪。一个采访他的记者曾经说，他的外表更像是一位年轻的教授。但是，今天想来，他的内心若不是拥有了一个革命者无比坚强的意志，又如何可以走完这样的一段短暂、曲折而恢宏的人生？“千淘万漉虽辛苦，吹尽狂沙始到金”，牺牲时，他只有39岁。我深深地相信，秦邦宪的勇气与力量，不是一个个体依靠道德操守便可以达到的，这样的力量和勇气，只能来源于博大而深刻的精神追求，只能来源于他内心深处坚定不移的信念。其生前译有大量马克思主义理论著作，毛泽东在七大号召各级干部加强理论学习，至少要读五本书，其中有三本书（《共产党宣言》、《社会主义从空想到科学发展》、《联共（布）党史简明教程》）都是博古翻译的。

千古奇冤，江南一叶；同室操戈，相煎何急！！
周恩来

这个陵园里，还有一位烈士广为人知，叶挺将军。叶挺，字希夷，广东惠阳人，他的一生跌宕起伏，历经坎坷，却用铮铮铁骨将一个革命者的气节与执着镌刻在了中共党史中。中学时，读将军的《囚歌》，内心也是激情涌动，但真正理解将军的抉择，却并不容易。叶挺将军毕业于保定陆军军官学校，这里走出了大批中国近代史赫赫有名的人物。叶挺因此与蒋介石、顾祝同、陈诚等都成了校友和同学。将军早年曾追随中山先生，1924年赴苏联学习期间，作出人生重大选择，加入中国共产党。北伐战争中，叶挺立下赫赫战功，而立之年成为名扬四海的“北伐名将”。大革命失败的白色恐怖中，叶挺坚持自己的选择，相继参与和领导南昌起义、广州起义，以其卓越的军事才能为我党领导下人民军队的建立创下不朽功勋，此后因故流亡海外长达10年之久，但爱国爱党却矢志不渝。抗战爆发，叶挺毅然回国出任新四军军长，利用自己的社会影响力与国民党上层往来斡旋，为保存和壮大我党领导下的新四军倾尽全力。三年间，他领导队伍驰骋于大江南北与日军苦战，成就一代抗日名将。1941年1月，国民党制造震惊中外的皖南事变，叶挺指挥部下与数倍于自己的敌人浴血奋战8昼夜之久，最后决定以一己换部下，前往谈判时被国民党无理扣押。此后的5年时间里，他以常人难以理解的决绝面对所有诱惑，高官厚禄、安逸生活，他对顾祝同说“头可断，血可流，志不可屈”；他对陈诚说“请你尊重我的人格和政治选择”。即使面对蒋介石，他的回答也是“我不能这样做，请枪毙我吧”。此后，这位叱咤风云的战将，在烽火弥天、狼烟遍地的民族危机中，却被剥夺了征战疆场的权利，相信在将军的内心，这才是最大的痛苦和煎熬，那一首《囚歌》就在此时诞生。诗以言志， 郭沫若看到这首诗，便明白叶挺将军的精神世界是任何力量无法撼动的，因为“他有峻烈的责任感，使他对于横逆永不屈服，而同时又有透辟的人生观，使他自己超越在一切苦难之上”。那么，这个让将军超越于一切苦难之上的人生观是什么呢？1946年3月4日，叶挺终于迎来自由，他做的第一件事就是致电党中央、毛泽东，要求重新入党。获得批准后的将军欣喜之情溢于言表，他拉着妻子的手少年般地说：我们好像又结婚了。面对记者“今后有何打算”的提问，他一腔豪情回答“为人民而已”。

1946年的4月8日，参加重庆谈判的王若飞、博古要赶回延安汇报工作，参加世界职工联合大会归国的邓发要返回延安，叶挺将军则偕同妻子、女儿还有幼子要开始充满希望的新工作……延安的机场人潮涌动，毛泽东、朱德、任弼时都赶来迎接战友，毛毛细雨中人们仿佛听到隆隆的飞机声而后却又渐渐远去。人们翘首以待，等来的却是一个举国震惊的噩耗。“我哭故人成永诀，普天涕泪失英雄”，聂荣臻将军的这句挽歌，65年后的今天依然能让我们感同身受。他们的生命虽然短暂，但他们的名字已然彪炳史册；他们的奋斗戛然而止，但他们执着的追求已然树立了永久的丰碑。

75年前，美国记者埃德加·斯诺第一次接触中国共产党人，就发现他们身上有一种不可征服的精神和力量，并因此断言中国的未来就掌握在他们手中。透过长眠在这里的英烈，我们可以清晰地勾勒出那一批奋斗在黄土高原上的共产党人的群体形象，他们拥有无比坚贞的信仰，他们拥有面对挫折、知错即改的勇气，他们还拥有抵御诱惑的强大精神力量。他们已经将自己的人生观与一个政党的宗旨高度的契合在一起，把自己融入了国家民族的未来。正因如此，中国共产党人在延安书写了传奇；正因如此，历史将埃德加·斯诺的断言变成了现实。

来到这座陵园里，曾经以为，泪水才是对英雄最好的纪念；但现在，我相信，深刻的理解和真诚的追随才是表达敬意的最好方式。最后，我想以65年前党中央在四八烈士追悼会上的一副挽联作为结束：党中留永痛，念人民事业，唯将悲苦化成力量，一心一德，誓争胜利慰英灵！

掌声，一阵，又一阵……

因为来自广东，对叶挺将军的戎马一生非常熟悉，去年还专程去过将军的家乡惠州，瞻仰过将军故居。此刻，在叶挺将军的墓前，我久久伫立……他那铿锵之音，再一次在我耳边响起——

“为人进出的门紧锁着/为狗爬出的洞敞开着/一个声音高叫着：爬出来吧，给你自由/我渴望自由/但我深深地知道——人的身躯怎能从狗洞子里爬出！”

“我不能这样做（投降），请枪毙我吧！”

……

此心光明，亦复何言！

经天纬地，生荣死哀，叶挺将军千古！

想起学院网站前几天曾发表学员诗作，概括了叶挺将军波澜壮阔的一生：南冠无畏作楚囚，共赴时艰可断头。生固有死为国死，心本无忧系民忧。

此刻，我的眼角，已湿润……

6.3 “中延院大讲堂”

2015-5-18 晚 晴

如果耳朵是通向心灵的路，那么听讲应该是一条捷径吧？今晚，去“中延院大讲堂”听课。

讲课者是中央党校的曹立教授，题目是“中国经济新常态”。

曹教授出言有章，讲课要点如下：

一、新常态的特征：（一）中高速。经济增速换挡回落，从过去10%左右的高速增长转为7%左右的中高速增长。（二）优结构。经济结构发生全面、深刻的变化，不断优化升级。（三）新动力。中国经济将从要素驱动、投资驱动转向创新驱动。（四）多挑战。面临新的挑战，一些不确定性风险显性化。

二、新常态的新成果：经济结构有新的优化；发展质量有新的提升；人民生活有新的改善；改革开放有新的突破。

三、我国经济到了爬坡过坎的紧要关口，经济下行压力依然较大。目前是增速换档期、结构调整期、前期刺激政策的消化期“三期叠加”。

四、我国发展仍处在可以大有作为的重要战略期。（一）城镇化的广阔空间。（二）“四化”同步的巨大动力。（三）消费升级的庞大市场。（四）技术创新的突飞猛进。（五）资本潜力、劳动力潜力、土地潜力。（六）改革红利。（七）人才红利。（八）创新红利。

五、促进经济发展的新思路。要把握好新常态下的新趋势、新特征、新动力，做好“双目标（量增加、质提高）”、“双结合”、“双引擎（民间、政府）”。

回到宿舍，正好十点。夜未央，风微凉，晚读好时光……重读路遥的

《平凡的世界》。那时，路遥已历历如绘：“什么是人生？人生就是永不休止的奋斗！只有选定了目标并在奋斗中感到自己的努力没有虚掷，这样的生活才是充实的，精神也会永远年轻！”那时，多苦啊，孙少平的渴望仅仅是“也能和别人一样领一份乙菜，并且每顿饭能搭配一个白馍或者黄馍”。

怀念今天的晚餐啦，一小碗“粉丝羊汤”，一小碗面。

7.1　局部执政

2015-5-19　上午　小雨

一没有贪官污吏，二没有土豪劣绅，三没有赌博，四没有娼妓，五没有小老婆，六没有叫花子，七没有结党营私之徒，八没有萎靡不振之风，九没有吃摩擦饭，十没有发国难财。

这是毛泽东笔下的七十年前的陕甘宁边区。

七十年后的今天，回望，这样的边区依然让人心动、感佩。

当时的陕甘宁边区是党中央所在地，政权建设为全国其他根据地之楷模，反映和代表了党的局部执政情况。美国作家史沫特莱直呼“延安使我兴奋，让我看到了中国革命的希望”，美军观察组成员谢伟思也感慨“我们这些美国人在延安见证了正在孕育的新中国”。陈国清教授在上午的讲授中认为，历史是最好的教科书，探讨《延安时期党的局部执政及其经验》，对于做好目下的“四个全面”很有意义。

拨开历史的迷雾，陈国清教授振裘持领，洞中肯綮，为我们清晰地勾勒出了一个当时“全国最进步的地方”。

一、边区概况和政权沿革

陕甘宁边区横跨西北三省，包括陕西北部、甘肃东部和宁夏的东南部，“北起长城之陕北府谷而跨宁夏之盐池，南迄宜川而达富县，东接黄河，西临宁夏之豫旺、甘肃之固原。面积自北至南约九百里，自东至西约八百里”。地势是一个西北高而南面和北面低的倾斜面，平均海拔高度1000余米，辖区面积近13万平方公里，人口约200万。当时，教育落后，文盲普遍；缺医少药，生死由命；多民族杂居，社会矛盾复杂；匪患猖獗，烟毒泛滥。

政权沿革为三个时期：苏维埃政权时期（1928.5—1937.9）、抗日民主政权时期（1937.9—1946.10）、人民民主政权时期（1946.10—1950.1）。

二、执政特点与示范意义

边区政权属于革新型的战时政权模式。相对于和平时期的政权而言，更注重效率、集权和处置突发、重大事件的能力。

（一）执政特点。1. “隶属”南京：特殊历史条件下的局部执政。“隶属”南京，国民政府图了一个“虚名”；边区政府得了“实惠”，有了“合法”地位，同时又保住了自己的独立自主。由于消除了与国民党政权的对立，边区赢得了一个相对和平的环境，红军改编后得到一笔稳定的军费，国内外爱国人士的捐款可以到达边区，中外各界可以访问延安，扩大了延安的影响。2. 权力配置：“两权半”的政权结构——由参议会、政府和法院三部分组成。边区参议会是边区的最高权力机关，边区政府是边区的最高行政机关，两者结合成为边区的最高政权机关。法院在行使司法职能时是独立的，而在政治上、行政上要受政府的领导。“两权半”的政权结构模式，既不同于资本主义制度的“三权分立”，也不同于国民政府的“五权分立”（立法、行政、司法、监察、考试）。3. “三三制”：包容了社会方方面面的代表（边区政权共产党员占三分之一，非党左派进步分子占三分之一，不左不右的中间派占三分之一）。“三三制”是中共领导下多党合作的最初表现形式，构成了边区政权的组织形态。实行“三三制”，使边区各级政权具有了广泛的代表性，决策的民主性、科学性大大加强了，工作效率提高了。4. “精兵简政”：均衡政权成本与社会负担。

5. “一元化”：党的绝对领导（党的组织领导一切，个人服从组织，下级服从上级，全党服从中央）。6. 整合经济：着力满足现实需求。此外，军事斗争是我们保持执政合法性的一个重要基础，也是一个特点。毛泽东指出：延安的一切都是枪杆子造出来的，枪杆子可以出一切东西。

（二）示范意义。1. 政权建设为当时全国其他根据地之楷模。毛泽东对李维汉说：“延安好比英国的伦敦。”陕甘宁边区是土地革命战争时期唯一没有丧失的一块根据地，在此基础上建立的陕甘边党的组织健全、群众基础好、政权建设经验丰富，反映和代表了党的局部执政情况。2. 带有明显的实验性质，是新民主主义国家的微缩景观。一定意义上讲，边区政权是建设新国家的一个尝试、一个模式。说它是微缩景观，主要是因为这个政权的完整性和所实行政策的前瞻性。

三、执政的基本经验与启示

（一）基本经验。1. 坚持党的领导、加强党的自身建设是党在延安时期局部执政成功的关键。2. 民主法制化、规范化是人民当家作主的重要保障。3. 相信和依靠人民群众，全心全意为最广大人民谋利益是民主政治建设的基础。4. 加强公职人员的道德建设，倡廉反腐，推崇艰苦奋斗精神。

（二）启示。1. 必须充分认识政权形态对经济社会发展的重要作用。2. “民主执政、清廉执政、执政为民”是共产党执政必须践行的原则和基本理念。3. 时代在前进，历史在发展，执政的方式要不断改革、创新。

陕甘宁边区为什么会成为全国进步青年当时最向往的地方？通过课堂学习和课前阅读，我认为，这主要得益于三个方面——

它努力地发展民主。《陕甘宁边区施政纲领》明确规定：共产党员应当同党外人士实行民主合作，不得一意孤行，把持包办。毛泽东明确要求，“共产党员必须倾听党外人士的意见，给别人以说话的机会。别人说得对的，我们应该欢迎，并要跟别人的长处学习；别人说得不对，也应该让别人说完，然后慢慢加以解释。共产党员决不可自以为是，盛气凌人，以为自己是什么都好，别人是什么都不好；决不可把自己关在小房子里，自吹自擂，称王称霸”。如1945年3月在讨论开垦公荒时，我们为防止土地高度集中，只主张投资者拥有土地使用权，民主人士李鼎铭则主张把“土地使用权”改为“土地所有权”，称“如果不这样，人家就不来投资”。我们既坚持原则又充分尊重民主人士，就建议暂时取消这一条，留待以后继续研究，李鼎铭也同意了。

它努力地改善民生。陕甘宁边区地瘠民穷，“终岁收入，不够温饱，若遇天灾人祸，则流离失所，死于沟渠”。基于此，毛泽东提出，“给人民以看得见的物质利益”。陕甘宁边区最早实行了减租减息，在此基础上毛泽东又号召，“一切可能地方，一切可能时机，一切可能种类，必须发展人民的与机关部队学校的农业、工业、合作社运动，用自己动手的方法解决吃饭、穿衣、住屋、用品问题之全部或一部”。毛泽东、周恩来、任弼时等带头开荒种菜，学习纺纱，掀起了轰轰烈烈的“大生产运动”，边区人民的负担得以大大减轻。

它努力地争取民心。当时的边区，“只见公仆不见官”、“上至总司令，下到饲养员，待遇相同，因为我们专为劳苦大众做事”。同时，边区极力肃贪，《陕甘宁边区惩治贪污条例（草案）》明确规定：贪污数目在一千元以上者，处死刑；贪污数目在五百元以上者，处五年以上之有期徒刑或死刑；贪污数目在三百元以上五百元以下者，处三年以上五年以下之有期徒刑；贪污数目在一百元以上三百元以下者，处一年以上三年以下之有期徒刑；贪污数目在一百元以下者，处一年以下之有期徒刑或苦役。这样全心全意为人民服务的党和政府，人民能不欢呼、拥护吗？

美国记者尼姆·威尔斯1937年到访延安后，十分惊讶：“中国共产党在许多方面实现了原始乌托邦社会主义者所梦想的公社生活……中国的共产主义是最原始的共产主义，平分了又平分，一直分到原子”。沧海桑田，岁月峥嵘。然而，延安时期党的局部执政及其经验，至今仍给我们很多启迪，值得我们深思、借鉴。

7.2 三件宝

2015-5-19 下午 晴

天，忽然放晴了。

毛泽东曾教给抗大学子三件宝——锄把子、枪杆子、笔杆子；学院也给了我们“三件宝”——小马扎（折叠板凳）、小蜜蜂（耳麦）、小书包。小马扎要走哪儿带哪儿，以备随时坐下来听讲；小蜜蜂耳麦也必须随时候命，以收听老师讲解；小书包像宝贝疙瘩，更要“朝夕相伴，须臾不离”。最朴素的“三件宝”，却真真正正地“把我们武装到了牙齿”。下午，带上“三件宝”，我们去中共中央西北局纪念馆现场教学，真切触摸

"新中国的雏形"。

纪念馆位于南桥西侧山腰，三层，建筑面积8035平方米，陈列展出面积3514平方米。纪念馆共展出实物400余件，照片460张，雕塑16组，清晰地展现了西北革命根据地创建、发展、壮大的战斗历程。

讲解员告诉我们，西北革命根据地是土地革命战争时期，由刘志丹、谢子长、习仲勋等在陕甘边和陕北两个苏区的基础上领导创建的，是全国硕果仅存的一块革命根据地，是党中央、中央红军长征的落脚点和夺取全国胜利的出发点。熟悉党史的都知道，这就是通常所说的"两点一存"。西安事变和平解决后，西北根据地相继改称为陕甘宁特区、陕甘宁边区。

在纪念馆长廊，杨文翔教授讲解说：中共中央西北局是中共中央在西北地区的派出机构，是西北地区党、政、军、群的最高领导机关，1941年5月由中央西北工作委员会与陕甘宁边区中央局合并成立。在中共中央的直

接领导下，西北局负责管理陕甘宁边区及陕、甘、宁、青、新国民党统治区中共党的工作。西北局是执行党中央各项方针政策的模范，是实现党的一元化领导的典范，它对陕甘宁边区政治、经济、军事和文化建设做出了重大贡献，使之成为新民主主义的模范试验区，成为新中国的雏形。

重温，缅怀，感悟，穿越历史的回声——

“投豆豆”。陕甘宁边区在民主政权建设中，实行了普遍、直接、平等的选举制度。识字的采用票选，识字不多的用画圈、画杠、画点的办法，不识字的用投豆子、烙票点洞等方法。投豆选举时，候选人身后放一个碗，选民愿选哪个人，就把豆子投到哪个人背后的碗里。为了公平，不得罪人，投豆的时候，选民穿长袖子衣服，从每个碗边都划过去，让旁边的人看不清到底投了谁的票。为了避免从众，还在碗上盖张纸、烙个洞，让选民在不清楚谁豆多、谁豆少的情况下自主投豆。投完豆子后，谁碗里豆子多谁当选。

“二斤猪肉”。为厉行节约，《西北局机关工作人员供给规定》很明确——伙食：每人每月猪肉二斤，每月吃馒头九次，每人每天油五钱，盐四钱；路费：每人每天一升米，脚费，出差干部二人一个牲口，每头牲口每天草料费一百五十元；骑乘：凡机关干部因公外出须用牲口时，十里至四十里以内路程经总务科批准，当日来回，四十里以外须经行政处批准。任何干部回家不得使用公用牲口。使用牲口者务须爱护，如有损坏马具及牲口生病，使用者得负责任。

“刀下留人”。1935年9月，中央派驻西北代表团在陕北进行错误的肃反斗争，在所谓“更加猛烈地反对反革命的右倾取消主义”的口号下，将刘志丹、高岗、习仲勋等人及红二十六军、陕甘边区一批干部逮捕扣押，并无辜杀害了一些同志。在此关键时刻，党中央和中央红军于10月19日到达陕北吴起镇。当了解到刘志丹等一大批同志被构陷入狱、命悬一线的严重情况后，毛泽东当即指示：“刀下留人，停止捕人”，“所逮捕的干部交中央处理”，从而使刘志丹、习仲勋等人得救。

……

“历史是最好的教科书，也是最好的清醒剂”！纪念馆里，同学们纷纷举起手机拍照，虽然称不上“手臂的海洋”，但我依然能通过那些高举的手，读懂大家的心——勿忘历史！

8.1 美丽照金

2015-5-20 阴

面对照金，这个渭北高原与桥山山脉夹峙的美丽小镇，我深深地惭愧。

我和它，曾如此接近。北宋山水画大师范宽以照金丹霞地貌为原型创作的《溪山行旅图》，峻拔浩莽，气壮雄逸，开一代审美范式，据中国山水画之高峰，被誉为“宋代绘画第一神品”。20世纪60年代赴美巡展，引起的轰动不亚于那一年的“阿波罗登月计划”。对画中的照金，我是熟悉的。

我和它，又那么遥远。20世纪30年代初，刘志丹、谢子长、习仲勋等老一辈无产阶级革命家在此创建了陕甘边革命根据地，照金苏区作为陕甘

边特委、陕甘边革命委员会的所在地、红二十六军的后方基地，犹如插入敌人心脏的一把钢刀，点燃了西北民主革命的火种，在中国革命史上留下了光辉的一页。当时就流传“南有瑞金、北有照金”之说。对这段历史中的照金，我是陌生的。

愧汗无地啊！

好在，学院给我补上了这一课。今天，我们进行党性教育情景体验——“革命理想高于天”，踏访陕甘边革命根据地。第一站，就来到了铜川市耀州区的照金镇。1933年老一辈革命家在此创建了西北第一个山区革命根据地——陕甘边革命根据地，照金由此成为西北革命的摇篮。邓小平同志讲，我们这么大一个政党，怎样才能团结起来、组织起来呢？一靠理想，二靠纪律。共产党人的人生坐标，就是应该结结实实、端端正正驻扎在理想这个高地。

情景体验教学，是中国延安干部学院的一大特色。简单讲，就是让学员们置身历史场景，回首革命往事，思考党性问题，寻找正确答案。这一次踏访，就是要弄明白：陕甘边革命根据地，为什么会成为红军长征的落脚点？为什么会成为八路军北上抗日的出发点？为什么会成为中国土地革命战争后期硕果仅存的根据地？

拾级而上，我们参观了照金革命根据地纪念馆，向陕甘边革命根据地英雄纪念碑鞠躬致敬。整座纪念碑由碑体和基座两部分构成，通体采用花岗岩构建，以简洁的柱式结构拔地而起，寓意照金是西北革命的源头和支柱。从地面到碑顶共33米，象征着1933年创建了陕甘边革命根据地。基座四面由四组浮雕构成，展现了陕甘边照金革命根据地建党、建政、建军的重大历史事件和军民鱼水情。在这里，我们仿佛听到了历史的留声——刘志丹告诉习仲勋，“干革命还能有不失败的时候？失败了再干嘛”，“只要政策对头，紧紧依靠群众，困难是可以克服的”；在这里，我们仿佛看到了那感人一幕——习仲勋在征粮途中受伤，照金群众不畏强御，探汤蹈火，精心照护；还是在这里，我们发现了1935年那份刊有“陕北共匪甚为猖狂，全陕北23县，几无一县非赤化”、有助于中央红军最后落脚陕甘边根据地的《大公报》，吉光片羽，视同拱璧……从中，我们深切体会到：坚强的群众基础，是战胜一切困难的法宝。

此时，有花香沁人心脾，弥漫在纪念碑四周。哦，是槐花，一簇一簇，雪白雪白，这不就是白居易笔下的“槐花满院气，松子落阶声”吗？这不就是照金群众“抱朴含真、大爱无言”的生动写照吗？

毛泽东曾赞扬习仲勋“党的利益在第一位”，“是一个从群众中走出来的群众领袖”，“比‘七擒孟获’的诸葛亮还厉害”。在照金，习仲勋以打短工的名义，深入到一些村庄，白天打零工，晚上秘密传播革命真理，建立了牢固的群众基础。他在小崖子认识了于德水一家，在陈家坡认识了王满堂一家，在柳林认识了“郑四哥”……真真是鱼水情深。有一次，习仲勋腰部被敌人子弹击伤，踉踉跄跄来到“郑四哥”家。“郑四哥”和妻子用土方为他消炎止血，又擀面条、做菜汤调理饭食。要知道，这在当时可是冒着杀头的危险啊。1933年10月，在红军和游击队主力撤离照金，白色恐怖严重的情况下，习仲勋依赖于坚实的群众基础做掩护，仍留在苏区开展活动。他白天藏入密林，晚上出来工作。这期间，有位姓王的老大娘给了他悉心的照顾，“她半夜把我从山林中叫回来，在她家里给我吃米饭，做猪耳朵肉，有时还把白糖给我送来。”习仲勋晚年曾说：人民就是江山，江山就是人民。这是个人有感而发，也是历史的集中总结。

习仲勋担任主席的陕甘边苏维埃政府，还十分注重惩治贪官污吏、树立廉洁政风。当时制定了这样一个法令：凡一切党军干部，如有贪污10元钱以上者执行枪决。有此警示，根据地工作人员没有发生过贪污案件。

习仲勋后来撰文回忆说，“照金根据地是西北第一次在山区建立根据地的尝试，是红二十六军的立足点和出发点。它生长和保存了红军主力……这一切使我们领会到只有建立了根据地，把党和红军与群众进一步联系起来，即使严重局面到来，我们也有站脚的地方和回旋的余地，从而使我们进一步领会了根据地的重要性和它对中国革命的重大意义”。

可以告慰英灵的是，如今的照金欣欣向荣，已成为新型城镇化建设的样本，“日照锦衣，遍地似金”由吉言化为了现实。小镇上，草际烟光，水心云影，楼台亭榭错落有致，红墙绿草相映成趣，“溪山行旅图”正从山水名画中走出，扎根在照金苍茫的丹霞地貌上。

哦，小小照金，美得像个意外。

9.1　寻找山洞里的根据地

2015-5-21　上午　小雨

今天上午，我们去寻找“山洞里的革命”。

第一站，薛家寨。薛家寨在照金镇西北，海拔1600多米，中心地带壁立千仞，周遭则重峦叠嶂。讲解员介绍说，山寨形似葫芦，东南西三面均为悬崖绝壁，山坡灌木丛生，仰视不见寨形，细看仅见草丛小道。整座山寨走势奇雄，军事上易守难攻，便于隐蔽。

山脚下，王娜娜老师先给我们授课。她告诉我们，1933年，刘志丹、谢子长、习仲勋等率部进驻薛家寨后，利用山上5个天然形成的岩洞修筑了红军支队驻地、被服厂和红军医院、军械厂、陕甘边特委驻地，建了寨楼、战壕、哨卡、碉堡、吊桥等等。后来在这里发现了红军用过的麻辫手榴弹、枪支残件、刀具、军号等，其中麻辫手榴弹为全国仅有。

不坐缆车，徒步而上。雨后，寓意深远的1933个台阶，有些地方几近垂直……真难爬啊。半山腰时，已是气喘如牛，腿如灌铅。想想红军战士当年上山是家常便饭，每天的“必修课”，自己才是第一次、唯一一次，岂能半途而废？咬咬牙，继续攀登……

四十分钟后，终于登顶。远眺，绿树如荫，一幅天然水墨画；近观，这哪里是想象中的山寨啊？确切地说，这是山洞，临悬崖而筑，据险隘而建。

更确切地说，这是上面的砾岩横亘形成的岩缝。矮，需弯腰而过；窄，仅容一人通行；床，是土坑；桌，为巨石……大家都被这再原始不过的“岩洞指挥部”深深震撼了。

我们细细地瞻仰。由于天险难越及年久失修，薛家寨原有的5个岩洞现仅能到达一、二、三、四号寨子，其中一号寨为当年陕甘边游击队一、三支队驻地，二号寨为当年的红军医院和被服厂，三号寨是红军当年的军械厂，又称“兵工厂”或“修械所”，四号寨是特委驻地和供需仓库。

据老师讲，1933年，这里曾发生过著名的“薛家寨保卫战”。当年9月，国民党陕西当局向照金苏区发动猛烈进攻，以刘文伯为首的上千敌人，分兵几路向薛家寨逼近，企图消灭红军。危急关头，留寨的红军战士、游击队员、工人和妇女挺身而出，奋勇抗击，打退敌人的多次进攻。在战斗到第六天时，由于叛徒出卖，红军战斗失利，薛家寨陷落，游击队总指挥李妙斋不幸牺牲。

下山后，我们直奔几公里外的陈家坡会议旧址。此刻，雨下得大了起来，我们全然不顾，都围聚在大槐树下，撑着伞，望着马灯，静静地听老师讲那生死攸关的会议。1933年8月14日召开的陈家坡会议，是西北革命历史上一次非常重要的会议。当时面对敌人的重兵围剿，如何保卫根据地、如何保存红军实力，争论得十分激烈。大多数人坚持红四团、西北民众抗日义勇军、耀县游击队第三支队这三支部队统一行动，有一些人则主张分散行动，各回各地打游击……“会议从当日下午一直开到第二天太阳高照时才结束”，“会议解决了部队统一指挥、统一行动的问题，制定了不打大仗打小仗，积小胜为大胜，集中主力，广泛开展游击战争的战略方针”。主持当年会议的习仲勋后来回忆说：“实践证明，陈家坡会议的决定是正确的，它对加强党对红军和游击队的统一领导，巩固和扩大陕甘边根据地具有重要的意义。”

雨，忽然停了。站在大树下，遥望雄关虎踞、古道逶迤的薛家寨，耳边仿佛响起军号声声……徐春芳同学即兴赋诗《仰望薛家寨》以寄情怀：火种一播青石暖，大敌压境赤霞寒。万仞天险瞻英烈，千古绝唱响桥山。

其实，到一个地方去，就是和它交换故事——历史的根牙磐错、地理的气象万千、人生的秋月春风，从而获得正能量，更读懂当下。在薛家寨、陈家坡，就是如此。

9.2 两个小人物

2015-5-21　下午　晴

这是最真诚的鼓掌。

哗哗哗，哗哗哗，哗哗哗……

持续而热烈。

掌声献给的，不是大人物，而是铜川市两个最基层的党员——杨瑞辉、李秋莲。与其说是我们访谈她俩，不如说是她俩给我们上了一堂党课，让我们接受了一次心灵的洗礼与净化——如谚语所云“比起磨破垫子的聪明人，还是接近群众的傻子强”。

杨瑞辉是铜川市金华社区卫生服务中心康复护理部主任。她以“给天下父母解难、替天下儿女尽孝、为党和政府分忧”为人生理想，用双手为便秘的病人掏粪便，含泪给脚上生蛆的老人取蛆虫……她精心护理了800多名老人，为92位老人送了终。她劝苍生“老人的今天就是我们的明天”、“捧着一颗孝心来”。不是豪言壮语，却打动人心。

“小巷总理”李秋莲，是铜川市红旗社区党支部书记。她“不因官小而不廉，不因事小而不为”。社区内有个破烂不堪的土坯旱厕，长年无人打扫，恶臭扑鼻。原地修建时许多人怕脏退缩了，她毫不犹豫地挽起裤腿跳进化粪池……她说：我们要当好基石，才能一根一根支撑起共和国的大厦。

是的，我们都走得太快，以至于忘记了从哪里出发，要奔向哪里。我们都渴望成功，却忘了“最快的马追不上春风，最能干的英雄也离不开群众”。我们都需要重铸自己的精神高原，都需要寻找自己的根。

很多人读书不可谓不广博，识见不可谓不超卓，却不如做小事的杨瑞辉、李秋莲清风峻节。输在哪里？输在精神钙质流失，输在人文情怀匮乏，输在脚踏实地不够……“人的活动如果没有理想的鼓舞，就会变得空虚而渺小”，“巴豆虽小坏肠胃，酒杯不深淹死人”。杨瑞辉、李秋莲，她们的不平凡之处在于“大写‘人’字，永远向上而又双脚踏地”。

我看见，交流时，学员们都是站着听完解答。

我看见，会散了，杜贤等同学还和杨瑞辉手拉手聊个没完。

我看见，大家主动聚拢在杨瑞辉、李秋莲身边，请求她俩“赏光”合影，有15位同学争先恐后蹲在前排……

记住这两个伟大的小人物吧：杨瑞辉、李秋莲。

10.1　马栏的黎明

2015-5-22　晴

我们被马栏的黎明叫醒，奔走在关中平原。

这里是马栏革命旧址。这里是马家堡革命旧址。这里是陕北公学旧址。这里，曾大面积积聚着星火烽烟。

这是传说中的窑洞。这是电影里的豆油灯。这是再也见不到的干粮袋。这里，曾是“大生产运动”的标杆。

此刻，透过地平线，一座精神高原正赫赫巍巍，一座灵魂宝藏正豁然洞开——

这是马栏，好听的名字，不大的地方，在“子午西麓，泾渭之东”。它为世人所熟知，还是在20世纪三四十年代。那时，这里来了个“娃娃领袖”习仲勋。从此，这个寂寂无闻的小镇，一跃成为“陕甘宁特区的南大门，圣地延安的前沿哨所，关中分区的政治、军事、经济中心，仁人志士和军需物资通往延安的重要驿站和红色通道，培养革命干部的摇篮”。

听，当地民谣就唱出了这种喜悦：马栏川，十八弯。穷苦人，望眼穿。盼了今天盼明天，红军来了有吃穿。

对此，关中特区书记习仲勋讲得朴素：“把屁股端端地坐在老百姓的这一面”；当地百姓看得明白：“有事就找习仲勋”。

先听咸阳市委党校叶明亮老师讲讲“易马换担”的故事吧。那是1940年的秋天，习仲勋骑马返回驻地途中，看见一位老乡崴了脚，便让老乡赶紧想法子，“人除了死法，就是活法”。老乡说实在没法子，习仲勋便请老乡骑自己的马，自己担老乡的担子。老乡不肯。习仲勋也很坚决，“我的马我说了算，你的担子你说了算，就这么办吧”。于是，小路上便上演了那感人的一幕：老乡骑着习仲勋的马，习仲勋担着老乡的担子，相伴而行……

再看史实的记载。习仲勋特别注意团结人，“朋友越多越好，敌人越少越好”。当地有个土财主蒋德宽，对习仲勋说：“别人都在捐款捐粮支援抗日，我也准备了50担粮，1000块银圆。如果少，我再拿。就是这儿子当兵，我成分高，不知咱红军要不要？”习仲勋回答：“要，要，只要愿意打日本，都要。”有些同志担心蒋德宽靠不住，习仲勋就开导大家：“事物是发展的，人的思想也是变化的。我们要具体人具体分析，不同事不同对待。像蒋德宽这样愿意抗日的地主就应当团结争取。”第二天，蒋德宽的儿子如愿当了红军。

“睹一事于句中，反三隅于字外”，想起了与关中特区隐隐相关的一段风云对话。1937年八九月间，在八路军主力出征抗日前夕，习仲勋从关中特区紧急选调五百多名红军战士，开往一二〇师驻地。这是八路军成立后补充的第一批兵员，给朱德、邓小平等人留下了深刻印象。1979年4月，时任广东省委第一书记的习仲勋提出希望中央给点权，让广东在改革开放中先走一步。他专门向邓小平汇报了在深圳、珠海、汕头准备建设“贸易合作区”的设想。他坦言究竟叫什么名字一时还定不下来，大家认为叫“出口加工区”与台湾的叫法雷同，叫“自由贸易区”又怕被认为是搞资本主义，最后只好暂时定名叫“贸易合作区”。邓小平听后，对习仲勋说：“还是叫特区好，陕甘宁开始就叫特区嘛！”应该说，这段不同寻常、开启历史的对话，发生在他们之间有历史的必然性——他们一定都不曾忘记陕甘宁特区，一定都铭记着特区南大门关中那段峥嵘岁月。

青山有意，和风不语，全班排成四列，向马栏纪念碑致敬！蓝天无云，大道致远，我们轻抚窑洞旧居，感念前辈的艰辛与荣光……重温习仲

勋在关中马栏的岁月，不禁感慨：如果我们共产党人都能站在群众立场去想问题，带着阶级感情去做工作，鼓足勇气去担当开拓，一定大业可成。

今天，比大部分同学，我还多了几重亲切、感动。我的母校是中国人民大学，它的前身是陕北公学（简称“陕公”）。到看花宫村陕公旧址，我算是追根溯源，归故里了。

虽然有些话很熟悉，我还是一字一句地记下了——

“陕北公学是属于中华民族的，因为他为抗日救亡而设，因为他收纳了全国乃至海外华侨的优秀儿子”。

“中国不会亡，因为有陕公”。

“忠诚、团结、紧张、活泼是陕公的校训”。

……

代锋、徐春芳、余敏、我、贺少琨，我们这些人大学子或者子女在人大就读的，不约而同地聚拢在陕公旧址前，认认真真、恭恭敬敬地合了张影。感念、感恩、感铭陕公！

陕公撤离关中后，边区教育厅又在旬邑县马家堡创办了“陕甘宁边区第二师范”，习仲勋兼任校长。那时，学校条件很艰苦，习仲勋曾回忆说，“二师有不少时间游居在山村群众的土窑洞里，有时在旷野、林间以至行军途中坚持教育和上课”。当时学校流行的顺口溜说：庙宇是学校，大地是课堂，借日月星光，读大块文章。成仿吾为学校写作了校歌：“救救孩子的呼声，喊在二十年前。教育孩子的责任，落在我们双肩。嗨！我们，我们，我们第二师范的青年。当日寇的炮火响在黄河边，当将士们战斗在前线，要艰苦地学习，艰苦地锻炼！才有健康的乳汁，去哺育孩子们。他们是我们民族的明天。”这高亢的歌声伴随着有志青年追求理想的脚步，打破了关中川山、马栏河畔的百年沉寂……

我真想匍匐在关中大地，谛听它最深情的脉动，并致以我崇高的敬意。我想告诉这里的青山：我在这里找到了“为了谁、依靠谁、我是谁”的初步答案；我想对这里的窑洞说：谈理想信念，到马栏，别有洞天！

11.1　梦起南梁

2015-5-23　上午　晴

民歌、民谣，往往最能表现一个民族或地区丰富而真实的情感。今天上午在南梁革命旧址参访时，我就从陕甘歌谣中，体味到了这种情感与力量。

梦起南梁。20世纪30年代，刘志丹、谢子长、习仲勋等老一辈无产阶级革命家以甘肃庆阳华池县南梁为中心创建了陕甘边革命根据地，1934年11月7日在南梁荔园堡成立了中国西北第一个工农民主政权——陕甘边区苏维埃政府，习仲勋当选为首任主席。他们颁布实施了“十大政策”，即：土地政策、财政粮食政策、军事政策、统一战线政策、民政劳资政策、文化教育政策、知识分子政策、肃反政策、廉政政策、各项社会政策等。这是刘志丹、习仲勋等共产党人坚持从陕甘边区的实际出发，贯彻执行党的八七会议精神，独立自主解决和处理陕甘边区革命和建设问题的成功探索。80年后回看，这“十大政策”是那么的体现群众意志，那么的符合执政规律，那么的富有政治远见，那么的饱含市场意识，令人感慨万千。而习仲勋在《纪念群众领袖民族英雄》中关于妥处军政关系的记述，也令人动容。习仲勋写道：“志丹（注：时任陕甘边革命军事委员会主席）同志十分注意军政关系。旧社会谁有军权，谁就是霸王。志丹同志为了革除这种恶习，做了大量工作。有一次，我经过军政学校操场时，他正领导学员演习，见我来了，他喊了一声‘立正’口令，向我敬礼报告，要我检阅学员队伍。这突如其来的场面让我手足无措。我一向把他当作领导者，论年龄，他比我年长10岁。但他却以身作则，尊重政委和政府的领导。”

讲解员说，1935年，陕甘边革命根据地与陕北革命根据地连成一片，形成辖区达3万平方公里，人口90万的西北革命根据地，成为土地革命战争后期我党“硕果仅存”的革命根据地，为经历二万五千里长征的党中央和

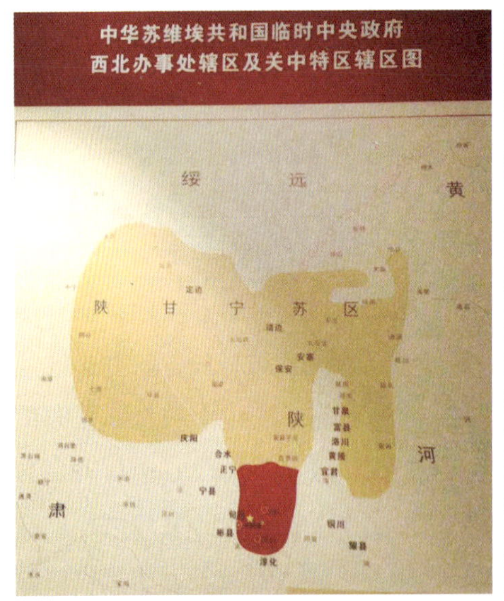

中央红军提供了落脚点，为北上抗日提供了出发地，为陕甘宁边区的发展形成奠定了重要基础，在中国革命史上具有重要的地位。

“人民的头脑就像土地一样，新奇和美好的东西都会从那里生长出来”。伟大的革命斗争，悄悄催生了无数的陕甘歌谣。这些歌谣，或直抒胸臆，或绝足奔放，或铿锵顿挫，或慷慨悲歌……易学好懂，便于传唱。一路参观，我都聆听着，陶醉着，摘录着。

——连年大旱，天逼民反；苛捐杂税，官逼民反；若要不反，离死不远；大家起来，实行共产。

——红花遍地开，红军就要来，打倒地主高利贷，杀掉反动派。狗娃嘈嘈咬，红军来咱村，如今大家来开会，起来闹革命。身背无焰钢，手提盒子枪，无焰子儿推上膛，打死狗官长。

——日头出来端上端，南梁来了刘志丹。志丹练兵又宣传，要把世事颠倒颠。

——“中华民国”二十年，红军起首三嘉塬，谢浩如、刘志丹，领导人民把身翻。打开仓，把粮放，车子推，口袋掂，家家户户吃白面。常开会，常宣传，打碎旧天换新天。

——南梁堡子大梢山，陕甘交界两不管。刘志丹，看得远，带领红军上梢山。扫清土匪和民团，占领梢山扎营盘。革命有了立脚点，武装割据陕甘边。

——陕甘高原山连山，穷人跟定刘志丹。男当红军女宣传，娃娃组织儿童团。山连山来水连水，老刘穷人心相连。斗倒地主分田产，陕甘高原红了天。

——受压迫，仇满胸，受压迫，一世穷，血债总要血来还，要想翻身当红军。背上炒面上南梁，翻山越岭找红军。不怕山高沟又深，跟上红军打敌人。

——子午岭上五座峰，五座峰上五条龙。红军驻在老爷岭，根根扎在穷人心。

——山丹丹花开红又红，红十五军团出了征；徐海东刘志丹指挥妙，劳山榆林桥打得好！

……

最有名的歌谣，大概要数《咱们的领袖毛泽东》、《军民大生产》这

些了，从陇东一直唱到了全国，为大家耳熟能详。

从这些本真的歌谣里，我仿佛看见了一幅气势磅礴的革命画卷，以及红旗漫卷中的军民鱼水情；我仿佛触摸到了一座巍峨耸立的丰碑，和大写的南梁。

班长代锋，代表全班向南梁烈士纪念碑敬献了花篮。我想，此后经年，我的心里，我的梦里，我的歌声里，必有南梁——南梁南梁，民族脊梁！

11.2 列宁小学

2015-5-23　下午　晴

大思想家卢梭认为，在所有一切有益于人类的事业中，首要的一件是教育人的事业。

具有远见卓识的中国共产党人，历来都重视教育事业。毛泽东风趣地讲过："要学马列主义！要知道，吃小米、爬大山、住窑洞，才能出马列主义！"在山怀水抱的南梁，我们大半天就邂逅了三所名标青史的教育基地。

一所是"列宁小学"。从刘志丹、习仲勋1934年创办列宁小学算起，这所学校薪火赓续，历烽烟战云，沐阳光雨露，已经走过了整整81年。当年，这所学校是在四合台的老庄河借用群众三孔窑洞创办的，刘志丹还专门从陕甘边军事委员会的经费中挤出三十元送给学校作经费。学校开设的课程有国语、算术、体育、歌咏，教材都是按照风俗民情和当时的革命形势编写的。如当时的国语课就有："马克思是谁呢？是世界革命的领袖。他终生领导着我们穷苦人革命，还把穷人革命的办法指示出来。"学校还一面教文化课，一面带领学生参加社会活动，向群众宣传"闹革命，打江山，穷苦人儿把身翻，要想把穷根剜，跟上红军上前线"等革命道理。2009年6月7日，习近平到该校调研，并在教师节前夕写信勉励学校师生

“弘扬优良传统，发挥独特优势，突出办学特色”。

列宁小学内，有一座教学楼，叫“景文楼”，是习仲勋、齐心两位老人2000年捐资修建的，以此纪念早期教员张景文。当年，张景文带领60多名学生垒土台，支木架，以地面当纸，拿木棍当笔，风风火火地开展起苏区教学工作。她还写宣传标语，编诗歌、信天游小曲，宣传新思想、新路线。至今南梁地区的父老乡亲还记得她自编自唱的信天游：“婆姨好放开脚，长发剪成短发益，男当红军女宣传，革命势力大无边……” 1935年10月，因错误的大肃反运动，张景文被活埋在陕西的洛河川，还不到30岁。而她，就是陈忠实名作《白鹿原》中“白灵”的原型——既不是丹娘的化身，也不是索菲娅的精灵，而是一名赤胆忠心的中共党员。

一所是抗大七分校旧址。抗大七分校于1941年7月以一二〇师教导团为基础组建，主要开设政治、军事、文化、专业技术课程，按学员文化程度进行分类教学。学员还选修俄、英、日等外语。在荒无人烟的深山密林中，学员们还开荒种地，纺纱织布，养猪放羊，挖窑洞，烧木炭……不仅完全解决了

穿衣、吃饭、学习用具等需要，而且有节余。《豹子川大合唱》就“白描”了他们的火热生活：“建军的骨干，革命的青年，在豹子川扎下大营盘。赶上葫芦河，学习南泥湾，把荒山变成理想的乐园。学文又学武，打仗又生产……”

耳边还萦绕着大合唱，又来到了一所特殊的教育基地——军民大生产纪念馆。抗战期间，陕甘宁边区的生活非常艰苦，毛泽东发出了“自己动手丰衣足食”的号召。1943年4月，三八五旅七七〇团进驻华池县大、小凤川，垦荒屯田，保卫边区。指战员们发扬“艰苦奋斗、自力更生”的精神，挖野菜、打野猪以度粮荒，搭草棚、挖窑洞以作营房，使昔日“野山僻壤、林木参天、人烟无几、兽群遍行”的荒凉之地，呈现出“粮食仓满，蔬菜有余，牛马成群，猪羊满圈，革命家务日趋巩固”的繁荣景象。1943年冬，在这里诞生了脍炙人口的歌曲《军民大生产》：解放区那么嗬咳，大生产那么嗬咳……美国记者福尔曼也好奇地写道：“生产运动不只

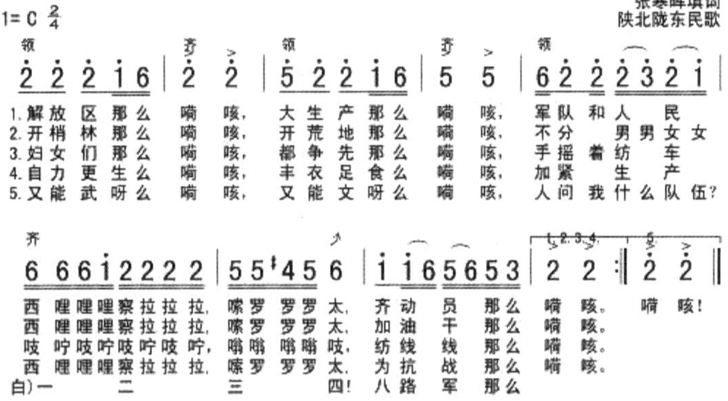

是在老百姓中开展，部队也参加了。这或许可以说是八路军的特色。据我所知，世界上还没有任何其他军队这样大规模地开展过生产，这毫无疑问也是造成军民间神奇合作的最重要的因素。”

三所“学校”，葳蕤繁祉。令我想起马克思所说：生产劳动和教育的早期结合是改造现代社会的最强有力的手段之一。也令我再次默诵雨果的名言：教育！科学！学会读书，便是点燃火炬；每个字的每个音节都发射火星。

的确，教育的力量是强大的。在南梁纪念馆，我们还看到了一封习近平2001年10月15日写给习仲勋八十八周岁生日的贺信，从中可以强烈感受到父亲习仲勋对习近平的教育与影响。习近平动情地写道：

我从您身上要继承和学习的高尚品质很多，最主要的有如下几点：

一是学您做人。爸爸年高德劭，深受广大人民群众和我党同志、党外人士的尊敬。这主要是您为人坦诚忠厚、谦虚谨慎、光明磊落、宽宏大度。您一辈子没有整过人，坚持真理不说假话，并且要求我也这样做。我已把你的教诲牢记在心，身体力行。

二是学您做事。爸爸自少年就投身革命，几十年来勤勤恳恳、艰苦奋斗，为党和人民建功立业，我辈与您相比，实觉汗颜。特别是您对自己的革命业绩视如过眼烟云，从不居功，从不张扬，更值得我辈学习和效仿。

三是学习您对共产主义信仰的执著追求。无论是白色恐怖的年代，还是极左路线时期；无论是受人诬陷，还是身处逆境，爸爸对共产主义的信念仍坚定不移，相信我们的党是伟大的、正确的、光荣的。您的言行为我们指明了正确的前进方向。

四是学您的赤子情怀。爸爸是一个农民的儿子，热爱中国人民，热爱革命战友，热爱家乡父老，热爱您的父母、妻子、儿女。您自己博大的爱，影响着周围的人们。您像一头老黄牛，为中国人民默默地耕耘着。这也激励着我将毕生精力投入到为人民服务的事业中去。

五是学您的俭朴生活。爸爸平生一贯崇尚节俭，有时几近苛刻。家教的严格，是众所周知的。我们从小就是在您的这种教育下，养成勤俭持家习惯的。这样的好家风我辈将世代相传。

字里行间，蕴藉家教力量，饱含家国情怀。每个共产党人都应细思、深学、笃行。

12.1 富裕的贫困

2015-5-24　上午　晴

今天上午的座谈，给了我新的体验和感悟。

说实话，以前怕参观、座谈。总担心参观浮光掠影、走马观花，座谈虚与委蛇，“大炮打蚊子”，说些言不由衷的话。

今天的两个参观点都有看头。在华池县大学生创业园，白茫茫，咩咩响，全是羊啊，其目标是带动、服务“百万只羊”，气度雄远；在柔远镇孙家川村，村党支部真正发挥了战斗堡垒作用，现在一家一座小洋楼，人人有事干，户户有产业，颇似“老区小江南”，戛戛独造。

随后的座谈会，给了我更多的惊喜。

甘肃庆阳市委常委、组织部部长周普生，华池县委书记张万福介绍了革命老区基层党建和脱贫致富的经验，加深了我们对庆阳的认识——庆阳真是个好地方。

它是红色圣地，是甘肃唯一的革命老区，在中国革命史上具有“两点一存”的重要地位；它是岐黄故里，庆阳先民、中医鼻祖岐伯在此与黄帝论医，成就了医学巨著《黄帝内经》；它是农耕之源，周先祖不窋在此“教民稼穑”，开启了华夏农耕文明的先河；它又是能源新都，油煤气资源富集，是长庆油田的发源地和主产区。

学员们反应之热烈，恐怕让主人都有点意外。徐勇就“田间盖的地膜”牵线，杨鲁峰就“天上飞的飞机”搭桥，黄玲为“红色旅游”建言，单武为“绿色长龙（火车）过境”献策……拳拳心，殷殷意，大家都希望老区的明天更美好，“对这片土地有感情啊”。

尖锐而敏感的问题，也被摆上了台面。高伟单刀直入：庆阳财政大口径收入149亿元，在甘肃全省排名靠前，而农民人均纯收入5499元，在全省倒数，这不符合常理啊，怎么解释？

周普生常委并不回避：这是资源型城市普遍面临的问题，即农民分享不到资源的好处，却分享了资源开发的“后遗症”。庆阳正着手下大力气破解这一难题……

这个“富裕的贫困”值得深思。经济学家将其称为“资源诅咒”——越是有资源的地方，越是容易出现发展的问题。破解它，大抵要解决好两个问题：一是城市，如何依靠资源而不是依赖资源；二是农民，如何分享资源红利而不是分担开发恶果。高岸为谷，深谷为陵，必须做好科学发展。

穿针引线也好，提出问题也罢，“都是馨香祷祝，给老区正能量”。

你看，座谈会完了，学员们还依依不舍，走过去，和庆阳的领导拉起了家常……

12.2 回来啦

2015-5-24 晚 晴

睡意昏沉，微信响。

是刘岱在班级微信群发的：转战陕甘边，行程一千三。胜利回陕北，又见宝塔山。

哈哈，回来啦。此次踏访陕甘边革命根据地，我们由延安而照金，由照金而马栏，由马栏而南梁，历两省三市，五天四晚，全程奔袭一千三百公里。感革命大义，知创业艰辛，念理想之煌煌，体信仰之灼灼……意志砥砺，灵魂澄净，此行不虚矣！

一路听，一路记，一路思考，一路探讨。这不是一群书呆子，也不是一群观光客，而是一群"既有理想又求真务实"的年轻人。听，他们这一路在坚定理想信念的同时，还结合实际谈忧思，说苦衷，直面时弊——

"一些基层干部怎么样？有老百姓评价说：好啊，不怎么偷东西，就是说点假话而已！"

"1952年12月4日至9日，伦敦雾霾。5天内丧生5000人，之后的两个月内又有8000多人死亡。从此英国人开始重点治霾，治了半个世纪。这说明雾霾非我国独有，是世界难题。我们也要学人家出重拳，才会消灭'雾失楼台，月迷津渡'"。

"不唯GDP，知易行难。因为要考核，地方'一大家子'还要开饭，大项目来了，想说拒绝不容易"。

"为什么会出现'三拍干部'——拍脑袋决策，拍胸脯表态，拍屁股走人，因为三拍吃香、上级也受用。文件说不让老实人吃亏，现实中不让老实人吃亏让谁吃亏？”

“八项规定好，刹住了吃喝风。但不作为、少作为又来了。总理蛮拼的，处长们却还在“画圈圈”。没有硬性指标，还不好判定他们不作为，这个难题怎么破解？”

“我们常说‘百姓在干部心里的分量有多重，干部在百姓心里的分量就有多重’，那么，我们真正掂量过多少回？”

“我们也常讲‘人之所以痛苦，在于追求错误的东西’，那我们又有多少时候保持这种清醒呢？”

……

有问题不怕，怕的是信仰缺失，怕的是“软骨病”，怕的是冥顽不化，怕的是恇怯不前。大家自信不疑：只要我们思想素质过硬，又像陕甘边革命根据地一样依靠群众，“有盐共咸，无盐同淡”，就一定能梯山架壑，爬坡过坎。

此时，夜未央，钱江同学的《访陕甘边革命根据地有感》又在微信群冒了出来：

照金翠陵忠烈眠，薛家寨上箭崖悬。
马栏转角授军旗，南梁割据陕甘边。

革命理想高于天，武装暴动起烽烟。
党的利益第一位，统一战线立政权。

红军长征落脚点，陕公抗大英才添。
今有中延四十八，圣地出发再燎原。

13.1 初心不负

2015-5-25 上午 晴

按教学安排，今天是休息。

初心不负，还是早早醒来了。

去饭堂。穿过“青砖墙，坡屋顶”的宿舍区，但见佳木葱茏，奇花斗艳，拐角处则牵藤引蔓，累垂可爱。阳光打过来，暖暖的，神清气爽。

饭菜香，简单的自助餐，一日三餐皆如是。和往常一样，几个人随机聚在一桌，谈天说地。今天聊的是医疗问题，参与者既有专业的刘延军、徐春芳，也有行外的钱江、张华清等。

大家普遍认为，现在还是“看病难”。不找熟人不行，排队排死你，治疗上也不放心。找个一般的关系也不行，“一分钟打发你”。所以，现在大家说要想幸福指数高，必须得有“三铁”朋友：铁校长、铁医生、铁（健身）教练。

“过度医疗”，也是民怨沸腾。得个小感冒，这检查，那化验，折腾你半天，大大超过了疾病诊断和治疗的实际需求。“不管你是谁，到了医生那里，就得乖乖听话，任由宰割”。造成过度医疗，主要是经济原因，如医疗过于市场化发展、以药养医、医生收入与医院效益挂钩等等。医生自卫性医疗也是原因，什么检查都给你做，逐一排除，避免吃官司。

怎么搬掉这座“新大山”呢？大家觉得发展“社区医疗”是个好办法。我国80%的医疗资源集中在20%的大城市，老百姓看病又都集中在大医院。要健全社区医疗网络，使群众小病进社区，大病才进医院，这是比较合理的医疗资源配置方式。“要让社区医疗机构成为预防保健、基本医疗、健康教育、疾病控制等社区卫生服务的主体”。

其实，这样的“小论坛”、“饭聊”，每天、每顿饭都有。因为是同学，大家聊得轻松，无拘无束；又都在领导岗位上，掌握的信息比较多，所以聊起来穷纤入微，精意覃思。

印象中，这十几天，“饭聊”涉猎很广，可谓“上天入地，生老病死，无所不包”。比如，前几天，张凯、卢洪早就给我们聊出了一堂核电课：世界核电有60多年的发展历史，我国已是名副其实的核大国，目前共有在运核电机组23台、在建核电机组27台，在建机组规模世界第一，总装机规模位居世界第四……核能发展迅猛，覆盖区域广阔，“‘十三五’期间，新建核电厂要从设计上实际消除大量放射性物质释放的可能性”。再比如，大家谈到了“事业单位实行企业化管理”出现的一些大尴尬：像企业还要办社会，像政府还要去纳税，像事业单位又没有经费。还有，大家对新媒体冲击下，传统主流媒体如何保有影响力，也开了不少药方：“要研究受众阅读习惯的改变，考虑如何适应、引导”、“要解决散、乱、小的问题，得有几个真正掌握话语权的传媒航母”、“光让马儿跑不行，还得让马儿吃草，该扶持的必须扶持，要理直气壮地扶”、“关键时刻党委、政府要发声，媒体更不能失语，总是无语就会丢地盘、没地位”、“媒体不能说假话，尤其不能创造性地说假话”……虽然我长期工作在宣传一线，但大家从不同的角度给了我很多启发，有一些比我思考的还深、还透、还远。

有一次“饭聊”，大家谈起了延安时期党和知识分子的关系问题，印象颇深。大家不约而同地想起了毛泽东的几段论述：“工农没有革命知识分子帮忙，不会提高自己。工作没有知识分子，不能治国、治党、治军”、“革命力量的组织和革命事业的建设，离开革命的知识分子的参加是不可能的”、“应该放手地吸收、放手地任用和放手地提拔他们”、“他们在现阶段的中国革命中常常起着先锋的和桥梁的作用”……中央还专门制定了《优待文化技术干部条例》，规定“制度优待的标准依照其能力学识的程度规定之，要使他们及其家属无生活顾虑，专心工作。对于特殊的人才，不惜重价延聘”。当时一般文化技术人员的待遇均高于党政机关干部。如冼星海每月有15元津贴，每星期能吃两次肉，两次大米饭，每餐多加一个汤，而当时朱德总司令每月津贴只有5元。

从“饭聊”中，既可以感受到社会的真实脉动，也可以体味到学员们的家国情怀、人文精神、青春朝气。饭聊，也是小小课堂吧。在小米粥的清香中，一任知识入脑、入心，物质精神双丰收啊。

13.2 看电影

2015-5-25 晚 晴

伏尔泰说：读书使人心明眼亮。

电影大抵也如此，可能还更直接些——“让一个人置身于变幻无穷的环境中，让他与数不尽或远或近的人物错身而过，让他与整个世界发生关系：这就是电影的意义”。

今天，休息时间，在看电影、视频中度过，深有体味。

上午，刘延军推荐了复旦大学特聘教授张维为的演讲视频《在全球比较中看“中国模式”》。张维为教授以他行走100多个国家的经历，自信地宣称，“今天的中国经济，每三年创造一个英国。所以说我们一点都不害怕竞争，一点都不害怕制度竞争，一点都不害怕模式竞争，特别不害怕政治制度竞争”。他的结论是七个字：中国人，你要自信。

此前，读张维为教授的“思考中国三部曲”——《中国触动》、《中国震撼》、《中国超越》，稇载而归。今天再看视频，有了更多的感悟。

是的，“我们要把不自信的帽子送给我们的对手”！

我一直喜欢看经典的红色电影。像《红岩》、《林海雪原》、《红色娘子军》、《南征北战》等，都看了不知多少遍，提头知尾。里面的一些经典台词，也能背上几句。这些电影，虽然也有人批评“人物形象的塑造比较直接，故事情节也相对简单”，但我觉得，从中感受到的精神力量是巨大的，一些典型人物的形象也是饱满而丰富的，经得起岁月的淘洗。电影，如果剥去梦想、理想、幻想，如果不能给人以美的享受、向上的力量，那只能算是一堆冰冷的拷贝。

今天，再看《红岩》等红色电影，心灵依然震撼。或许，正如英格玛·伯格曼所说，“它们是镜子，是现实的片断，几乎跟梦一样”。

记得王岐山说，他一上任就看了电影《忠诚与背叛》。此后，他在多个场合推荐这部电影。今天下载来看，果然受教育。这部电影真实描述了革命斗争的严酷和纪检监察干部的无限忠诚，是“一部反腐倡廉的光辉史诗，一段鲜为人知的党史秘闻，一曲纪检先驱的革命颂歌，一组催人泪下的传奇故事”。电影中的两句台词铭诸肺腑：“要有铁一样的纪律，不然我们的队伍会成为一盘散沙”，“我们的事业并不显赫一时，但将永远存在（马克思语）”。

夜深了，红色电影还在放……

14.1 为什么会硕果仅存

2015-5-26 上午 晴

知识之岛越大，好奇的海洋线越长。

陕甘革命根据地，就如同卷帙浩繁的大书，在我们用五天的时间阅读之后，愈显光亮和深邃。

“心灵最深切关注的一切，只能经由嘴唇吐出的言词讨论”。上午，分组研讨：“陕甘革命根据地为什么是硕果仅存？陕甘革命根据地为什么会硕果仅存？”

张晔第一个发言。她用几个数字来回答“为什么会”——

“三色论”策略，巩固和扩大了陕甘革命根据地。刘志丹提出了“三色论”：红色，组建自己的武装；白色，做白军工作争取国民党部队里的进步分子和爱国人士；灰色，做土匪工作，改进哥老会，收编山大王，“把朋友搞得多多的”，有了落脚点和回旋余地。

“狡兔三窟”战略，使得红旗不倒。1933年11月初的包家寨会议上，陕甘边区特委和红军临时总指挥部决定建立以陕北安定、陇东南梁和关中照金为中心的三大游击战略区，即“狡兔三窟”式多区域发展军事战略，使三个游击战略区域互为战略支撑点，转战自如，相互支援，拓展了游击战争战略空间，促进了根据地的创建和发展。

“三不管”扎根，使苏区“这边风景独好”。以习仲勋参与和领导的照金革命根据地的创建为例，照金位于耀县西部，距耀县、淳化、旬邑县城均在60里左右，是“三不管”的地方，沟壑纵横，重峦叠嶂，百姓也有强烈的土地革命要求，“一点火就着”。

“十大政策”出台，赢得了民心。在习仲勋的领导下，陕甘边区苏维埃政府制定了著名的“十大政策”，即：土地政策、财政粮食政策、军事政策、统一战线政策、民政劳资政策、文化教育政策、知识分子政策、肃反政策、廉政政策、各项社会政策等，加快了经济、文化、军事等各方面的发展，是陕甘边区革命和建设的成功探索。

张晔的发言，引起了大家的共鸣。钱江用“四个活下来”作了另外的解读：活下来的意志——革命理想高于天，活下来的人脉——联系群众统战线，活下来的环境——地缘环境造时势，活下来的办法——武装割据陕甘边。

……

我也不揣浅陋，用“胸有理想，腹无粮草，心系群众，脚下奔跑”参与讨论。

胸有理想——以“陈家坡会议”为例，当时争论很激烈。持反对意见的黄子祥年龄大、资历深、威望高，和习仲勋关系又不错。会上，习仲勋完全从革命理想、大局出发，明确否决了黄子祥的意见，对会议的最后结果产生了非常重要的影响。

腹无粮草——穷则思变，“若要不反，离死不远”，“贫困能造就男子气概”，只有“大家起来，实行共产”、“打土豪呀分田地”、“钻山林呀住窑洞”。

心系群众——陕甘边苏维埃政府曾制定法令：凡一切党军干部，如有贪污10元钱以上者执行枪决。习仲勋晚年撰文回忆说：“现在看起来这处分未免太重，但那时因为刘志丹了解群众的心情，才制定了严格的法规，以警戒自己的同志。而且，那时的10元也是一个不小的数目。有了这条法令，在干部中确实没有发生过贪污事件。”

脚下奔跑——这里原本就是一块战略宝地：北部与毛乌素大沙漠相

连，南面延伸到渭北高原，东边有黄河天险，西临六盘山山脉和甘宁高原。民谣曰：两山中间一道川，两川中间一架山，翻过山来又是川，转过川来又是山。陕甘边区特委和红军临时总指挥部不搞“左”倾盲动，建立安定、南梁、照金三大游击战略区，提出“不打大仗打小仗、积小胜为大胜”，三大游击区互为犄角，彼此策应，你中有我，我中有你，体现了较成熟的战略战术。

杨文翔老师全程参与了讨论。这也是学院教学的突出特色，无论是现场教学，还是分组研讨，都有老师在场解疑释惑，指点迷津。杨老师帮大家厘清了两个问题：一是怎么理解硕果仅存？他认为这是从“规模比较大、影响比较广”这个意义上来讲的，并不否定其他一些较小的革命根据地。二是怎么理解“陕甘革命根据地”？他认为这是指陕甘边革命根据地加上陕北革命根据地，又称西北革命根据地。

大家听了，茅塞顿开。一场讨论，可能是心灵之间沟通的捷径。

14.2　我愿意生在中国

2015-5-26　下午　晴

英国历史学家阿诺德·汤恩比面对提问：“如果再生为人，您愿意生在哪个国家？”

他回答：“我愿意生在中国。”

汤恩比以历史学家的眼光给出的理由是：“中国今后对于全人类的未来将起到非常重要的作用。”并阐明这是他对世界不同文明体系做了详尽的比较和研究，把中国置于全球演变的多维空间来评估之后所获得的审慎结论。

王诚安教授的这个开头，一下子吸引了大家。

王诚安教授讲的是《中国道路·中国梦》。老实说，这种课，要讲好不容易。没想到，王教授旁征博引，通材达识，讲得生动而深刻，大家笑声不断，掌声一片。

王诚安教授分四个部分进行了讲述：

一、实现中国梦是中华儿女的共同期盼。这是中华民族的光荣传统，是复兴之路的正确选择，是中国共产党人的庄严使命。中国梦是一种形象的表达，是一个最大公约数，是一种易于被群众接受的表述，核心内涵是中华民族伟大复兴。日本《产经新闻》文章认为，中国梦“朴素的愿望”，体现了“无法抗拒的民族感情”。美国未来学家杰里米·里夫金指出，在“美国梦”死亡之后，“中国梦”最有资格成为“人类发展的新梦想”。

二、实现中国梦的思想内涵。（一）中国梦的核心内涵：中华民族伟大复兴。实现中国梦的前提是国家富强，实现中国梦的关键是民族振兴，实现中国梦的目的是人民幸福。（二）中国梦的本质属性：中国梦归根到底是人民的梦。（三）中国梦的世界分享：中国梦，不仅造福中国人民，而且造福世界各国人民，是和平、发展、合作、共赢的梦。（四）中国梦的奋斗目标：凝聚力量。（五）实现中国梦的领导核心：中国共产党。

三、实现中国梦的实践要求。实现中国梦，必须走中国道路，必须弘扬中国精神，必须凝聚中国力量，必须坚持和平发展。

四、同心共筑中国梦。要坚定理想信念，要辛勤诚实劳动，要始终艰苦奋斗。据1942年5月日本人出版的《华北共军现状》报道，北平大学生到大后方国统区的占20%，投奔解放区的则达70%。“打断骨头连着筋，扒了皮肉还有心，只要还剩一口气，爬也爬到延安城”。据八路军西安办事处统计，1938年5月至8月，经该处赴延安的知识青年就有2288人，全年则多达1万多人。这就是理想信念的力量。

王教授引用的几段数据、讲话，给了学员们很大启发和震撼：

——19世纪以前，中国曾长期占据世界经济中心的地位。公元1000年，中国GDP占世界的22.7%，随后一直保持在20%以上，到1820年达到32.9%，经济极为繁荣的宋代曾高达90%。16世纪以前，影响人类生活的重大科技发明约有300项，其中175项是中国人的发明。到18世纪初，中国的城市化率已达30%，全世界50万以上人口的大城市当时共有10个，中国就占了6个。

——新中国成立前，中央委员与候补委员共170多人，其中42人牺牲遇难，占总人数的25%；政治局委员与候补委员总数55人，其中15人牺牲遇难，占总人数的27%。民政部统计，有案可查的烈士一共是180万人，这些人大多数是共产党人。

——1965年8月3日，法国总统特使马尔罗问毛泽东："我认为在毛主席之前没有任何人领导过农民革命获得胜利，你们是如何启发农民这么勇敢的？"毛泽东回答："这个问题很简单。我们同农民吃一样的饭，穿一样的衣，使战士们感觉我们不是一个特殊阶层。我们调查农村阶级关系，没收地主阶级的土地，把土地分给农民。"

——"站立在960万平方公里的广袤土地上，吸吮着中华民族漫长奋斗积累的文化养分，拥有13亿中国人民聚合的磅礴之力，我们走自己的路，具有无比广阔的舞台，具有无比深厚的历史底蕴，具有无比强大的前进定力。中国人民应该有这个信心，每一个中国人都应该有这个信心。"

——"要科学统筹各项改革任务，协调抓好党的十八届三中、四中全会改革举措，在法治下推进改革、在改革中完善法治，突出重点，对准焦距，找准穴位，击中要害，推出一批能叫得响、立得住、群众认可的硬招实招，处理好改革'最先一公里'和'最后一公里'的关系，突破'中梗阻'，防止不作为，把改革方案的含金量充分展示出来，让人民群众有更多获得感。"

——我国发展任务的艰巨性和繁重性世所罕见，面临矛盾的复杂性和尖锐性世所罕见，面对的困难和风险世所罕见，但我们办成了一系列大事，办好了一系列喜事，办妥了一系列难事。

空谈误国，实干兴邦。让我们把实现中国梦"存之于心，见之于行"，努力再努力！也让我们到一线去，到艰苦的地方去，"不必害怕到树枝上去，那儿才是生长果实的地方"。

15.1 藏龙卧虎

2015-5-27 上午 晴

班里藏龙卧虎。

有音乐家、摄影家、书法家、画家、诗人、美食达人……其中，赵安华十分了得，他作的词曲天机云锦，脍炙人口，有些还唱响在奥运会、亚运会、春晚。他每天向同学们推荐一首自己的歌，有雄浑大气的，有抒情浪漫的……今天，他推荐了一首《期待那一天》，由王丽达演唱，一片宫

商，感心动耳。

边听红歌，边上教学楼，参加上午的学员论坛——年轻干部要在精神上“补钙”。全班分四组，每组出两人，共八人上台演讲。

第一位开讲的是中纪委的刘岱，没用PPT，也没打印稿。他列举了大量的腐败案例：韩桂芝“不信马列信鬼神”，李真“堤内损失堤外补”、万庆良“吃喝喜欢去会所”……他说，大家一定要牢记习总书记所言——理想信念是共产党人精神上的“钙”，没有理想信念，或者理想信念不坚定，精神上就会“缺钙”，就会得“软骨病”，就可能导致政治上变质、经济上贪婪、道德上堕落、生活上腐化。

“理想信念动摇是最危险的动摇，理想信念滑坡是最危险的滑坡”。刘岱顿了顿，语重心长：年轻干部尤其要保持清醒，严以修身。

接下来的七位同学——曾峻、郝向宏、蔡静峰、董安宁、周龙、汤立斌、贺少琨，都从各自角度，论述了年轻干部“补钙”的重大意义——“坚定理想信念，坚守共产党人精神追求，始终是共产党人安身立命的根本。对马克思主义的信仰，对社会主义和共产主义的信念，是共产党人的政治灵魂，是共产党人经受住任何考验的精神支柱”。

习近平的《念奴娇·追思焦裕禄》，遒文壮节，沉思翰藻。郝向宏同学讲坛上一引用，就引起了大家的共鸣，纷纷传抄：

魂飞万里，
盼归来，
此水此山此地。
百姓谁不爱好官？
把泪焦桐成雨。
生也沙丘，
死也沙丘，

父老生死系。
暮雪朝霜，
毋改英雄意气！
依然月明如昔，
思君夜夜，
肝胆长如洗。
路漫漫其修远矣，
两袖清风来去。
为官一任，
造福一方，
遂了平生意。
绿我涓滴，
会它千顷澄碧。

听着，抄着，心潮起伏。对焦裕禄、对兰考，我有一种特别的感情。我的家乡——河南民权，和兰考相邻，一堤之隔；我外婆家就在兰考，我的童年就是在兰考的沙土地上、梧桐树下、苹果园里度过的。我熟悉兰考的山山水水，一草一木，熟知焦裕禄的高风峻骨，光前裕后。儿时伙伴聚会，总是骄傲地说：我们是听着焦裕禄的故事长大的！如今，捧读《念奴娇·追思焦裕禄》，别样的感动。

舒婷的《也许》，缀玉联珠，辞丰意雄，也被两位同学不约而同地引用：

也许我们点起一个个灯笼
又被大风一个个吹灭
也许燃尽生命烛照黑暗
身边却没有取暖之火

也许泪水流尽
土地更加肥沃
也许我们歌唱太阳
也被太阳歌唱着
也许肩上越是沉重
信念越是巍峨
也许为一切苦难疾呼
对个人的不幸只好沉默

也许
由于不可抗拒的召唤
我们没有其它选择
……

这是一个不缺思想和碰撞的班。就在一学员在台上作《在“小确幸”与“大或美”之间的抉择》的发言时，台下的国章成同学直抒己见：“我认为不一定非要宣扬人人当大官、个个做大事，我觉得如果人人都做一个好父亲、好同事、好邻居，当好普通人，做好普通事，就很好了。”

徐春芳同学就描绘过此种“如切如磋，如琢如磨”的情状：

你奋笔书疾
他拨动键盘
几番历史尘封里
云开雾散
二三个大命题
三四番小论战

不为硝烟弥
只把真理辩
不知觉
塘里蛙声起
树上已鸣蝉

“没有远大理想，不是合格的共产党员；离开现实工作而空谈远大理想，也不是合格的共产党员”。是的，如何把胸怀理想与脚踏实地有机结合，对年轻干部是一个重大考验，正所谓“征实则效存，徇名则功浅”，“我们对真理所能表示的最大崇拜，就是要脚踏实地地去履行它”。

15.2 序曲·延安新闻纪念馆

2015-5-27 下午 晴

西北大，西北高，
西北在战斗，西北在创造，
西北天天在飞跃，
西北电台忠实报道，
民主圣地，全国人民忘不了，
坚持进步，莫因胜利而骄傲，
我们要多用头脑，
我们要英勇勤劳，
我们战斗，我们胜利，
消灭敌人，把敌人消灭掉！

这是西北新华广播电台的序曲。延安时期，这样的红色电波，每天从

延安新闻纪念馆
少年－红色记忆的传承者
博物馆致力于社会的可持续发

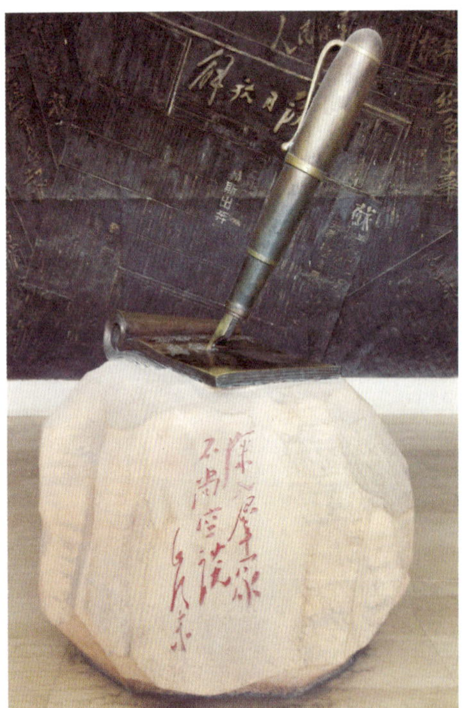

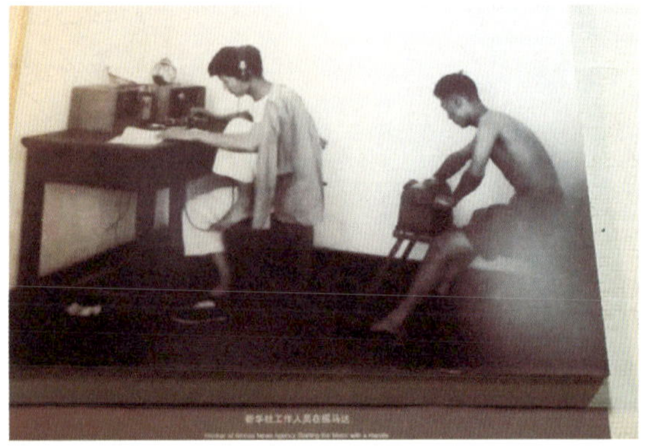

清凉山上发出，越过山川河流，飞向全中国。

这里是延安新闻纪念馆，新中国新闻出版事业的摇篮。于我，这是找到了根。

今天下午是自主选学，有两个地方备选。让人意外的是，全班80%的同学都选择了到延安新闻纪念馆参访。

这的确是一个值得寻味的神奇所在。20世纪三四十年代，清凉山被人们亲切地称为“新闻山”——它是中央党报委员会、新华通讯社、解放日报社、延安新华广播电台、中央印刷厂、新华书店等众多新闻出版单位的所在地。当年，在党中央的直接领导下，党的新闻机构传播马列主义、毛泽东思想，宣传党的路线、方针、政策，反映人民群众的呼声，为中国革命的胜利做出了不可磨灭的贡献。陈毅曾赋诗称赞：“百年积弱叹华夏，八载干戈仗延安。试问九州谁做主？万众瞩目清凉山。”

延安新闻纪念馆位于清凉山南麓，展馆总建筑面积3000平方米，其中陈列面积1580平方米。馆的外形呈窑洞形，寓意党的新闻事业是从延安的土窑洞里创建和发展起来的。陈列共分五个单元，展出文物180余件，珍贵历史照片、文献等400余幅。

步入纪念馆，正厅的中央是一尊雕塑——巨石基座上平放着一本大书，书册上斜插一支硕大的老式钢笔，格外醒目；而基座正面，则镌刻着毛泽东铜琶铁板般的手书：深入群众，不尚空谈。

窑洞里办报、办社、办台、办厂，筚路蓝缕，以启山林，该是何等的艰辛啊。向仲华在回忆中说：“工作是非常艰苦的，几乎每天都要工作十小时以上”、“不但会写文章，还要会打仗”。

对新闻工作，领袖们不仅要求高，而且具体。在纪念馆，我看到毛泽东亲自撰写的稿件，如《解放日报发刊词》：“本报之使命为何？团结全国人民战胜日本帝国主义一语足以尽之。这是中国共产党的总路线，也就是本报的使命。”又如在黄维兵团被围困走投无路之时，为促其投降，毛泽东为广播电台写了五篇广播稿，极大地发挥了瓦解敌军斗志的作用。再如他公开讲：印刷厂的工作很重要，印刷厂生产精神食粮，办好一个印刷厂，抵得上一个师。甚至，他具体批示道：“翻译时，文字和标点符号不要弄错。”

周恩来也致信报社领导：“一、带综合性报道各地战况，要具体生动，但重要捷报，又必须成为头条独立新闻。二、带综合性报道各地动员参战实况，更要生动具体，但也不取消个别典型故事，毋宁说更重要。三、报道各地政治、经济、文化、社会改革和建设情况，尤其在事实的描写”。

细细翻阅，当时的报纸内容也很生动、活泼。如，《边区群众报》第86期就刊登了经过编辑改编后的民间数九顺口溜——

一九、二九，合门叫狗，
种田锄地全靠一双手。
三九、四九，冻破石头，
交了公粮回家走，过年的东西样样有！
五九、六九，延河水吼，
早些预备种子和耕牛
……

看完展览，思绪万千。不讲空话，它对我的启示，至少有这么几点：

一、必须坚持党性原则。1942年4月1日《解放日报》社论中，明确把“党性”列为党报所必须具备的四种品质之首。中共中央宣传部1942年3月16日的通知指出：“报纸的主要任务就是要宣传党的政策，贯彻党的政策，反映党的工作，反映群众生活。”延安新闻界在整风改革中达成了共识：一切要按照党的意志办事，一言一行，一字一句，都要顾到党的影响，使之“成为党手中最锐利和最有力的武器”。党性原则，过去、现在、将来都是新闻工作者必须坚决遵循的。

二、努力反映群众呼声。全心全意为人民服务是党的宗旨，也是党所领导的新闻事业的根本宗旨。延安时期，“群众性”被列为党报的基本品质与工作原则，提出要“使《解放日报》成为真正战斗的党的机关报，同时也就是要使它成为天下人的报，成为一切愿意消灭民族敌人建立民族国家的人的共同的喉舌”，“密切地联系群众，反映群众的情绪、生活需求和要求，记载他们可歌可泣的英勇奋斗的事迹，反映他们身受的苦难和惨痛，宣达他们的意见和呼声”，“不仅要充实群众的知识，扩大他们的眼界，启发他们的觉悟，教导他们，组织他们，而且要成为他们的反映者、喉舌、与他们共患难的朋友”。博古更直白地讲：党报记者到地方去采访，千万不要像公鸡那样跳到墙头上，咯咯咯地高啼几声，拍拍翅膀跑掉了！而要像母鸡那样，每到一个地方就要下蛋孵小鸡！

三、务必坚守真实底线。刘少奇同志说：“你们搞报道一定要真实，不要加油加醋，不要戴有色眼镜。群众对我们，是反对就是反对，是欢迎就是欢迎，是误解就是误解，不要害怕真实地反映这些东西。”陆定一讲：“新闻工作搞来搞去，还是个真实问题。新闻学千头万绪，根本性的还是这个问题。有了这一条，就有信用了。有信用，报纸就有人看了。”应该说，真实性原则，是对新闻媒体最基本、也是最重要的要求，今天的新闻就是明天的历史啊。这一点，是底线，任何情况下都不能妥协、放松、突破。

四、发扬艰苦奋斗作风。艰苦奋斗是党的优良传统，是延安精神的真谛。在极端恶劣的生活环境中，在敌人飞机轰炸的危险中，新闻工作者住窑洞、吃小米、穿单衣，坚持工作，始终保持着昂扬的斗志，坚信自己的革命理想终会实现。这种作风，现在仍然非常需要。

致以崇高的敬意——向舍生忘死追求真理的新闻前辈们，向新中国新闻出版事业的摇篮，向圣地延安。

此时，又仿佛回到了大学时光，回到了课堂的铿锵之音——新闻是启迪人们思想的最好的工具，它提高人们的素质，使之成为有理智、有道德的社会之人。

15.3 扭秧歌

2015-5-27 晚 晴

每一个夜晚，都充实而愉悦。

吃过晚饭，有人说，走走吧。

多吉、延军、钱江和我，在校园内散步。夕阳西照，有“池上碧苔三四点，叶底黄鹂一两声”，有“万壑有声含晚籁，数峰无语立斜阳”……美不胜收。

大家聊起近期的新闻热点，对政府 “第一时间发声”充满期待：“越公开，越接近真相，越有力量”、“要有执政自信，我们有自我净化的能力，也应有接受监督的雅量”。

也有快步走的。班长代锋就带“暴走队”大步流星，“唰唰”而过；另一队“甘肃省中青班”也超过了我们，像小跑一样快，“一定要出出汗”。

路过运动场，曹琨老师正在教“扭秧歌”，本班的余敏、高桂鸿等几个女生在学。嘿，那不是大个子男生孙宝东吗？原来他也在凑热闹，扭得起劲呢。看到我们，女生起哄也要我们去学一下，“快来快来”。考虑到身材肥硕，文艺细胞缺乏，恐影响集体质量，还是脚底抹油，溜吧。

回到楼下，继续聊。此时，柳昏花暝，暮色四合，晓风习习……扭秧歌的同学忽然杀到，非要教我们几招。嘿，师傅送上门，没办法，跟着学吧。陕北秧歌，历史悠久，“一老挝大鼓，鼓声一通，群歌竞作，弥日不绝”，其表现形式也颇为多样，红火热闹。据记载，1944年和1945年在陕甘

宁边区，秧歌队的足迹几乎遍及每一个乡镇和山村，平均1500人中就有一个秧歌队。著名报人赵超构曾在《延安一月》中写道，“一直进了延安，才知道秧歌在边区是最被钟爱的一种艺术。每个延安人都很自负地谈起秧歌的成功。你要是和他们谈到文艺，他总要问你：‘看见秧歌剧没有？’仿佛未见秧歌就不配谈这边文艺似的。因为他们如此郑重的推荐，我对于

一向漠视的秧歌，也不能不抱着刮目相看的态度了。”赴延安访问的美国记者哈里森·福尔曼也写道，“共产党的秧歌是活泼的，真实的，把当日的消息很通俗地描述给不识字的人们，去增广他们的见识，使得他们认识更大的世界。同样的，秧歌可以与我们普遍的无线电报告相比”。

按说，扭秧歌学起来并不太难，当年“据丁玲的估计，在边区人民中，每12个人里面必有一个人是扭秧歌的”。你看钱江就不错，学得有模有样。我？笨手笨脚，哈哈。

8点，回到宿舍。翻看《延安时期资料选编》，分星擘两，毛举缕析，开卷有益。人们常说：看一个人的灵魂，先看看他的书架。学院在书架上摆满了《只见公仆不见官》、《延安时期党的建设研究》等经典案例教材，“给足了营养和选择”。

8:30，有人敲门。是隔壁的汤立斌。他前几天请假回湖南去了，组织上谈话，准备把他由湖南团省委副书记提拔为书记。坐下来，聊天下，聊改革，聊反腐，聊年轻干部……海阔天空，很尽兴。不知不觉，又聊到了减肥上。他以自身经验告诉我，该如何减，要节食，要运动，“多吃，就要有罪恶感”。难道，我很胖吗？不过是瘦不下来而已，不过是站在秤上有点小忧伤而已，不过是向往汪曾祺先生的境界而已——有毛的不吃撣子，有腿的不吃板凳，大荤不吃死人，小荤不吃苍蝇。

10:00，王军敲门。这下好了，他们俩轮番培训我“瘦身工程”，言之谆谆，诲人不倦啊。好吧，明天开始素食试试！实实在在减掉一斤肉，比空谈宏愿有趣得多。

嗯，夜深，有点饿了。

16.1　延安时期的群众工作

2015-5-28　上午　雨

“同学们，我们由相识、到相知、到相融，我有一种幸福的感觉。上周，我们穿越历史的隧道，从课堂到现场，在陕甘边留下了脚印。今天，我们开始转段了，转入‘群众路线’教学模块。今天上午由王东仓教授给我们讲《延安时期党的群众工作》。”

在赵安华声情并茂的主持下，王东仓教授走上讲坛。

王教授分风劈流，谈言微中，讲了三个部分：

一、延安时期群众工作的特点

这些特点包括：工作环境的时代特性——革命战争、局部执政；工作对象的复杂性——以农民为教育、组织、引导的主要对象，包含由工人、城市小资产阶级到包括大地主阶级、大资产阶级等；工作理念的先进性——毛泽东说“群众是真正的英雄，而我们自己则往往是幼稚可笑的，不了解这一点，就不能得到起码的知识”；工作方法的科学性——从群众中集中起来又到群众中坚持下去；工作作风的亲民性——共产党员每到一地，就和那里的群众打成一片，不是高踞于群众之上，而是深入群众之中，是民众的朋友，而不是民众的上司，是诲人不倦的教师，而不是官僚主义的政客；工作制度的规范性——出台了《中央关于深入群众工作的决定》等一系列政策、制度；群众运动的广泛性——抗战动员、选举运动、肃清汉奸、改造“二流子”、春播秋收等。

王教授特别提到，当时对先进群众推崇备至。如对农民黄立德，冠之以“种菜圣人”，不仅由贺敬之作词、张鲁谱曲了《“种菜圣人”黄立德之歌》，广为传唱，而且《解放日报》也辟出专栏连续推介。如对技术能手、节约模范、劳动英雄赵占魁给予鼓励，毛泽东说：平时我听你们说要找斯达汉诺夫，赵占魁同志就是中国式的斯达汉诺夫。

二、延安时期群众工作的主要经验

主要是两点：（一）牢固的群众立场与观点。中国共产党人明确了“来自人民”、“植根人民”、“服务人民”的历史方位。（二）始终坚持党的群众路线。

王教授重点阐述了毛泽东的两个著名论断：“我们共产党人好比种子，人民好比土地。我们到了一个地方，就要同那里的人民结合起来，在人民中间生根开花”、“我们的一切干部，不论职位高低，都是人民的勤务员，我们所做的一切，都是为人民服务”。

王教授还介绍了“延安工潮”。他说：“大家往往回避这个问题，担心会不会不太光彩？我的回答是：不会！这恰恰说明了我们的群众工作从来不是一帆风顺的，是一个艰难曲折探索的过程。”

三、传承延安经验，践行群众路线

群众工作出现新特点：（一）社会阶层日益分化。呈现以下特点：阶层构成多样化，阶层成员动态化，收入差距扩大化，利益诉求显性化，思想观念多元化。（二）人民群众的公民意识不断增强。他们运用法律、政策维护自身权利的知识、能力都在提高。（三）由于利益的多元化，社会的大量矛盾是利益矛盾，常常与政府政绩、政府政策有关。（四）当前中国社会进入矛盾多发期，群体性事件激增，呈现出多发性、重复性、突发性、扩散性、易激化等特点。

传统的群众工作在当前面临的困境：（一）传统的群众工作所倡导的“无私奉献”、“集体主义”等价值理念，存在的基础开始动摇。如果习惯于过去那一套话语系统，说大话，讲大道理，来教育群众、说服群众已经不灵，或者说已经失效。（二）传统的群众工作是以分清是非得失为前提的，今天一些地方一些干部在工作中出现以权和钱为解决问题手段的实用主义倾向，逐渐失去真理的力量，失去了群众的信任。（三）传统的群众工作所倡导的是以共产党员与领导干部的身体力行为示范与导向的，而在现实中一些干部的腐败及堕落行为，使一些群众对党的认同感降低，对干部的言行是否具有真实感产生怀疑。（四）传统的群众工作所开展的谈心与家访等有效形式，是建立在传统的人际关系基础上的，而现在面对现代社会强调“私人空间”、“隐私”等理念时，传统的做法就逐渐不受欢迎。

群众工作的新要求：创新群众工作理念，牢固树立群众意识；站稳群众立场，始终为人民谋利益；创新工作方式方法，提高工作实效；创新工作机制，强化工作保障。

王教授认为，最重要的是需要树立正确的工具观念，正如毛泽东所说：“群众是从实践中来选择他的领导工具、他们的领导者。被选的人，如果自以为了不得，不是自觉地作工具，而以为‘我是何等人物’！那就错了。我们党要使人民胜利，就要当工具，自觉地当工具。”

王教授逻辑清晰，学员们大快朵颐。尽管如此，交流环节，还是充满了“火药味”——

有学员直言：传统的群众工作已不合时宜，应更多地发挥市场自身的作用和法治的作用……

王教授回答：我不同意你的说法！现在更需要群众工作……

学员主持赵安华也直接“参战”：不能忘了“我们从哪里来，要到哪里去”，必须解决好“为了谁、依靠谁、我是谁”的问题……

真理愈辩愈明。下课了，大家还在边走边讨论，一直延伸到了餐桌上。

16.2 张思德·枣园

2015-5-28 下午 晴

细雨霏霏。

记忆中，这是到延安后的第二场雨。延安的天，总是晴空万里，蓝得让人迷醉。偶尔，雨落下来，空气立马变得清新，景物也别有生趣起来。

下午是现场教学，三个点。

先是陕甘宁边区政府旧址、参议会旧址。对陕甘边当年的情况，上周集中踏访，已了解其“实行民主真行宪，只见公仆不见官”的好光景。但今天参观，仍然收获很大。

我看到了“两个十”的对比。对陕甘宁边区，毛泽东评价说：一没有贪官污吏，二没有土豪劣绅，三没有赌博，四没有娼妓，五没有小老婆，六没有叫花子，七没有结党营私之徒，八没有萎靡不振之风，九没有吃摩擦饭，十没有发国难财。而国民党治下呢？也有一首打油诗：“一句真话不讲，二面做人不羞，三民主义不顾，四处开会不绝，五院兼职不少，六法全书不问，七情感应不灵，八圈麻将不够，九流三教不拒，十目所视不怕。”对比如此鲜明，结局可想而知。

在旧址，可以看到毛泽东对精兵简政的谨本详始：“这一次精兵简政，必须是严格的、彻底的、普遍的，而不是敷衍的、不痛不痒的、局部的。在这次精兵简政中，必须达到精简、统一、效能、节约和反对官僚主义五项目的”。精兵简政后，边区内部机构裁并了四分之一，分区专署及县政府的内部机构减掉一半；边区政府系统人员由11500人减到7500人，减幅约35%。

讲起陕甘边区当年的情形，马广荣教授辞旨甚切。他先讲了肖玉璧的故事。为革命，肖玉璧枕戈寝甲，战功赫赫，曾身负90多处枪伤、刀伤。但在担任清涧县张家畔税务分局局长期间，他贪污公款3050元。他写信给毛泽东，央求看在他过去作战有功的份上，让他上前线，战死在战场上。毛泽东说：“记得我是怎样对待黄克功的吧？这次和那次一样，我完全拥护法院判决。” 1941年12月，肖玉璧被执行枪决。1942年1月5日的《解放日报》就此发表评论：在“廉洁政治”的地面上，不容许有一个“肖玉璧”式的莠草生长！有了，就拔掉它！

“必原情以定罪，不阿意以侮法”，“赏一人而人勉，唯恐其不若也；罚一人而人惧，唯恐其似之也。”查处肖玉璧贪污案，彰显了我党反腐倡廉的坚强决心——谁触犯法纪都要严惩不贷，不要抱有一丝一缕的侥幸心理。

马教授还讲了边区政府主席林伯渠的俭朴。林伯渠以“做人民的一个好勤务员”为准则，严格要求自己的生活享受绝不能超过一个普通工人所有的享受。他的眼镜腿坏掉了，就用麻绳拴上凑合着使用，自己系的裤带是根麻绳子，睡觉也没有枕头，枕着自己的衣服。他还把自己在国民参政会参政员任上的津贴，主动捐给

了公家。他经常说：党员跟群众的关系，就像骨头连着肉和皮，应该像自己的头、手、脚一样合拍。

这样晨兢夕厉的政府、领导，人民怎么会不衷心拥戴？沙家店战役期间，佳县县委书记张俊贤就向中央表示：佳县人民每日一餐，省出两餐供解放军，再加全县种子粮；如不够用，杀全部羊；还不够，宁可宰掉耕牛也要保证解放军吃饱。听到这儿，眼睛湿润了，这是多深的鱼水情啊。

第二站是《为人民服务》讲话台。这是1944年9月8日毛泽东在中共中央直属机关为追悼张思德召集的会议上，发表《为人民服务》讲话的地方。张思德出身贫苦，任过中央警备团警备班长和毛泽东的卫士。在一次反围攻的战斗中，他右腿先后两次负伤，仍忍痛冲入敌阵，缴获两挺机枪。在长征途中，他曾两度经过人迹罕至的雪山、草地，历尽千辛万苦。1944年9月5日，他带领战士们在安塞县执行烧炭任务时，即将挖成的窑洞突然塌方，他被埋在窑洞中，年仅29岁。面对张思德烈士塑像，全班同学一起朗诵了毛泽东的《为人民服务》：我们的共产党和共产党所领导的八路军、新四军，是革命的队伍。我们这个队伍完全是为着解放人民的，是彻底地为人民的利益工作的……有雨飘落下来，学员们都浑然不觉。

据徐建国老师介绍，毛泽东当时在追悼会上深情地说：我们的队伍里到处都是这样的人，普通、平常，就像清凉山上的草一样，我们平时注意不到他们，也听不到他们的声音，可是正是这些人，支撑了我们全部的事业。追悼会后不到一个月，10月4日，毛泽东来到清凉山，看望解放日报社和新华社的工作人员，他要每个同志问问自己：是全心全意为人民服务的呢？还是半心半意为人民服务的呢？或者是三心二意地为人民服务的呢？他说，不能是半心半意，不能是三心二意，一定要全心全意。新中国成立后，毛泽东也直言不讳：有些人如果活得不耐烦了，搞官僚主义，见了群众一句好话没有，就是骂人，群众有问题不去解决，那就一定要被打倒。

最后到了枣园革命旧址。这里是中共中央书记处1943年10月至1947年3

月所在地。院内，树木葱郁，绿草如茵，“幸福渠”穿园而过。虽然已近黄昏，这里还是游人如织。

据讲解员介绍，毛泽东在此居住期间，写下了《关于领导方法的若干问题》、《学习和时局》、《开展根据地的减租、生产和拥政爱民运动》、《评国民党十一中全会和三届二次国民参政会》、《组织起来》、《愚公移山》、《评蒋介石在双十节的演说》、《论联合政府》、《抗日战争胜利后的时局和我们的方针》、《对日寇的最后一战》、《关于重庆谈判》、《建立巩固的东北根据地》等许多指导中国革命的重要文章，仅收入《毛泽东选集》的就有29篇。

漫步，端详，“忽然一切的静物都讲话了，忽然间小屋回声腾沸”。不是幻觉，确乎心有感应。毛泽东的一些著名论述，径直回响在脑海：“在一切党政军机关中讲究节省，反对浪费，禁止贪污”，“各级党政军机关学校一切领导人都须学会领导群众生产的一全套本领。凡不注重研究生产的人，不算好的领导者。一切军民人等凡不注意生产反而好吃懒做的，不算好军人、好公民”……

大家相约：今天太过匆匆，改日一定再来枣园看旧居。

16.3　小沙龙

2015-5-28　晚　晴

别出心裁，本组搞起了小沙龙。

这是组长王军的主意。每次由一位学员主讲，讲后交流。第一讲，是多吉大哥。他讲民族宗教政策，专业、生动、翔实，人才啊！佩服得紧。

今晚，轮到我了，讲“改革开放初期的广东实践”。题目有点大，是同学们帮我选定的，大概是希望更真切地了解广东、了解改革开放。确实是“赶鸭子上架”，勉为其难。但盛意拳拳，上吧。

好在，我跑过多年的时政新闻，采访过很多改革开放的元勋，如任仲夷、梁灵光、林若等等，对那段历史有一定了解。为了不落窠臼，这几天还认真备了课，“鞭驽策蹇，宁靡寸劳”。

月明星稀。就在宿舍边上，我们摆了张桌子，放了点茶水，开讲——吴南生说“要杀就杀我的头”，习仲勋说“要搞就全省搞”，小平说“就叫特区嘛”，任仲夷南下“闯关”、书记省长“二进宫”……那是决定当代中国命运的关键抉择，那是发展中国特色社会主义的必由之路，那是“杀出一条血路，舍我其谁”的壮丽史诗，那是“忽如一夜春风来，千树万树梨花开”的春日画卷。

我还讲起了任（仲夷）老的趣事——每当别人来探望时，他总是打趣地说：“我1983年11月切除了胆囊，虽然没有了胆，却有点天不怕地不怕，

可以说‘浑身是胆’。1993年11月，又把胃切除了五分之四，那时我已经80岁，动这样的大手术也就‘无所谓（胃）’了，也可以说‘无所畏惧（胃具）’了。快90岁的时候，一只耳朵失聪，但我‘偏听不偏信’。后来，一只眼睛也失明了，真是‘一目了然’啊。现在，两只眼睛都看不见了，我是彻底的‘目中无人’了……”

讲得不好，献丑了。王军送了点水果，多吉送了点牦牛肉干，哈哈，算是鼓励吗?

丁以绣，是其他组的，也来旁听。沙龙结束后，又到我房间，聊广东的传媒改革，直到深夜。我俩颇多共识：无论互联网的冲击有多大，媒体人都要“确乎不拔，浩然自守”；党和政府要正视传统媒体的困境，“要了解情况，眼睛向下”，拿出改革的勇气和切实的办法来，壮大自己的主流舆论阵地。

“一切事物日趋完善，都是来自适当的改革”、“事之当革，若畏惧而不为，则失时为害”。改革，在路上，再出发，加油!

17.1 “耿飚之问”

2015-5-29　上午　晴

24年之后，“耿飚之问”依然振聋发聩。

那是1991年7月。老一辈革命家耿飚，重返曾经战斗过的陇东庆阳县，即现在的甘肃省庆城县。一天晚饭后，他住的招待所外忽然人声鼎沸，黑压压来了一群“告状”的老百姓，诉说对一些县乡干部的不满，怎么劝都不肯走。

耿飚深为痛心，便召集省地县的干部讲了一件往事，提了一个问题——50年前，他任副旅长的一二九师三八五旅就驻扎在这里，部队供给处一个副处长抢劫当地群众东西后畏罪逃跑，被追回来后，旅部决定枪毙他。老百姓也是黑压压来了一大群人，跪下来哭着为这个副处长求情，说共产党都是好人，就饶了这个同志吧，让他戴罪立功吧。耿飚反复说明八路军的军纪，可老百姓一个也不起来，最后，耿飚只得流泪接受了群众的要求，改为其他处分方式。故事说完了，耿飚激动地大声问道：“现在，我要问问今天在座的你们这些人，不管哪一个，如果犯了事，老百姓还会替你们求情吗？！”

耿飚一问惊人，全场鸦雀无声……

问得好！“耿飚之问”，被搬上了今天的课堂，全班作“案例分析”。牛安生教授要求思考两个问题：一、“耿飚之问”的实质是什么？“耿飚之问”向执政党提出了哪些值得思考的问题？二、从党的建设角度思考，我们应该如何破解“耿飚之问”？

先是小组讨论，再各选出两人代表本组发言，其他人也可自由补充发言，最后是老师总结点评。

对第一个问题，大家有共识：“耿飚之问”的实质是党群、干群关系问题。

曾峻认为，现在一些地方的党群、干群关系弱化、恶化，已由“水乳关系变为水油关系甚至水火关系”。

胡红兵以“一道小学语文题关联词填空”的网络段子，来道出忧虑：他（　）牺牲生命，（　）出卖组织，60后说应填“宁可……也不……”，70后说应填“害怕……所以……”，80后说应填“与其……不如……”，90后说应填“宁可……也要……”，00后说应填“反正……顺带……”。段子不无戏谑，更不确切，但在批判的同时不也值得深思吗？

郝向宏则大声疾呼：如果再不下大力气解决党群、干群关系问题，“耿飚之问”后，就可能会遭遇“塔西佗陷阱”……

如何破解？大家见仁见智，各抒己见。有的说必须从严治党，有的说要依法治国，有的说要弘扬优良传统，有的说要推动治理体系的现代化，有的说要让老百姓分享改革成果，有获得感……

在小组会上说了几句后，我陷入了深深的思考：为什么我们的经济发展了，但老百姓的满意度并不理想，“一边吃肉一边骂娘”？

我个人觉得，首先是关系搞错了。裴多菲说：虽然船在上面，水在下面，然而水仍是主人翁。对，你不是什么父母官，你是公仆！你非要当官老爷，老百姓能不点火、能不覆舟？邓小平同志早在1962年就告诫全党说：“我们拿到这个权以后，就要谨慎。不要以为有了权就好办事，有了权就可以为所欲为，那样就非弄坏事情不可。”

其次是屁股坐歪了。正如民谚所说：可怜那神气十足的风滚草，被骤起的大风刮得无影无踪；红柳却盎然挺立着，因为它有一条很深很深的根。你只有把屁股端端地坐在老百姓那里，老百姓才会买账。你一屁股坐在老百姓的对立面，甚至骑在老百姓的头上作威作福，老百姓只有拿起棍子，捅你的屁股。老百姓心中有杆秤，老百姓心如明镜。

说到底，“耿飚之间”，就是发展之间、党建之间、群众工作之间，值得每一个共产党人深思！

牛安生教授介绍说，耿飚所在的三八五旅，的确与庆阳有特殊感情。该旅在庆阳驻防八年之久，从旅长王维舟到普通士兵，都实实在在为老百姓做好事。王维舟被当地百姓称为“王善人”，毛泽东为他题词“忠心耿耿，为党为国”。1939年6月，他挑水时看见城墙边一位妇女带着小孩在挖墙皮，小孩嘴上已经糊满了土，一问，才知道挖的是含有少量盐分的“白板土”（中原地区叫“观音土”），饥荒年间用以充饥。王维舟心痛不已，把他们带回家里，让夫人到食堂打饭给他们吃，并且向专员马锡五写条子，建议专署为这家解决五斗粮和30元（边币）救济款，以度粮荒……1942年6月2日《解放日报》刊登了朱德总司令祝王维舟56寿辰一文，朱德在祝词中直呼“我们的好旅长王善人”，称“王维舟完全把自己当作群众的儿子和学生，而群众却把他当作保姆和先生”、“他应该值得我们全党来学习和尊敬，值得全边区，全中国人民来尊敬”。

记住“耿飚之间”，记住“王善人”，记住“水是主人翁”。

17.2 口述历史

2015-5-29 下午 晴

今天下午，是音像教学。

我们观看了学院拍摄的两部音像教学片《口述历史——群众是真正的英雄》、《口述历史——党的七大》。片子中的几个小故事，一新耳目，给了我极大的震撼——

老红军田畴说：搬到枣园当天，毛主席就去看老百姓。一看，老百姓家里空空的，好像刚搬走的样子。又到第二家去看，又是空空的。他说怎么我们来了，连老百姓都没有了？他问做地方工作的同志怎么回事，地方同志说为了你的安全，把这几家老百姓都搬到后沟里面去了。毛主席就生气了，他说你们蠢得很，哪有共产党怕老百姓的道理？！

在国民党刘戡部队进攻小河时，抓到一个老乡王老汉，就问王老汉毛主席向哪个方向逃跑了。王老汉知道，但他不说。刘戡就吓唬王老汉，不说就把你的眼睛挖了。王老汉说我真的不知道啊。后来刘戡硬是把他的眼睛挖了。再后来，又问，又说不知道，又硬是把他的胳膊也剁断了。“眼挖了，胳膊剁断了，他还是没有说”。

陕甘宁边区中央医院医生郁彬回忆说：“毛主席是最守纪律的人。他到中央医院来看一些首长，两点半，还没有到三点。传达室的同志也不认

识毛主席，说不行，你得等着，得到三点。毛主席就在传达室外面转来转去，转了半个钟头，到时间了。就说，小同志啊，现在到了时间了吧？我能进去吗？”

……

以前，这些都是听闻，难免会将信将疑，哪怕信，也不敢理直气壮地讲。这次，是亲历者、当事人、见证人口述，都是九十多岁老人的回忆，拂去了历史的尘埃，更真切、自然、有力量。我们这些后辈静静地看着，无不眼润心颤。我觉得，每一个中国人都应该看看这些片子，听听老人怎么说，都必须铭记历史，不能数典忘祖！

据介绍，学院的《口述历史》项目，主要是采用现代电视传媒手段，通过采访仍健在的延安时期老红军、老八路、老干部，搜集散落于他们手中的革命文物、文献和图片，以大量鲜活、生动的历史细节再现延安时期的重大事件和重大决策，从独特的视角反映延安精神的本质和特征。截至去年6月已访问1176人，获得访问视频总时长188135分钟，整理字数总计5709万字。《口述历史》，已成为学院教学的一张独特名片。

看完片子，学文件。全班认真学习了习近平总书记在陕甘宁革命老区脱贫致富座谈会上的重要讲话，那一句“小康不小康、关键看老乡”，着实打动了大家。

立学立行。六一快到了，本班全体学员也想为老区尽一点心意，就一起为延安杨家岭红军小学捐了24500元，“我们无法拯救所有的花朵，但我们可以播洒更多的阳光和雨露”。该校也称杨家岭福州希望小学——1995年，时任福建省委常委、福州市委书记的习近平倡导了“千家企业建千校”活动，福州一企业为支持老区延安教育事业捐建了该校。1995年和2008年，习近平曾两次复信该校鼓励孩子们。今年2月14日，习近平总书记又视察该校，鼓励孩子们长大后为实现中国梦而奋斗。

在历史的深处，看见光；在不远的未来，看见希望。今天，收获满满！

17.3 有新发现

2015-5-29 晚 晴

晚饭后，散步，有新发现。

在学院东南角，有一片苹果园，挂着“洛川苹果”的牌子。树型小，又新植的样子，就没太留意。今天忽然看到很多人围拢，指指点点，便凑过去看热闹。

一瞧，欢喜啊——小树上结满了小苹果，个个鲜亮亮，透着青气。有的小雨珠还挂在果子上，欲滴还羞，再被夕阳的余晖一光顾，便禁不住摇头晃脑，气韵氤氲。美国19世纪著名牧师亨利·沃德·比彻尔曾经说“苹果是最民主化的水果”，大概指的就是它“给点阳光就灿烂”吧。

小沙龙继续，“青苹果”话题——刘延军主讲“计生政策”。他砥志研思，熟谙业务，如数家珍。对年轻人最关心的“放开生二胎”，他没有给出确切的答案，也没有明晰的时间表。但从他的分条析理、澄思渺虑中，大家了解到了更多的政策、知识，约略也“月晕知风，础润知雨”。“在太空时代，最重要的空间是存在于耳朵与耳朵之间”，此言不虚！

回房间，尚早。想到今天两个同学在课堂上提起托克维尔的《旧制度与大革命》，便又找出来读。此前，看过两遍，今日再读，仍广开聋聩——它勾勒的是18世纪的法国，却依稀能看到目下中国的一些影子；它解剖的是法国大革命的流变，却仿佛可以触摸到当代中国的些微脉动。

抛开抽象的论断，感性认识一下托克维尔笔下的“变种”、“还魂”与“复辟”，或许更有助于我们观照当下、反思自身：

公务员热——“中产阶级对做公务员的热情和渴望从未如此强烈。当一个人获得了一小笔资金，他立刻就会用来购买职位，而不是投资于商业”。

买官卖官——“在获得官职方面，我们今天的热情比那时有增无减，不过那时和我们这个时代存在着一个最大的本质差异：那时政府售卖官职，今天的政府则授予官职，今天的人们不用花钱，只要出卖自己的灵魂即可达成目标”。

金钱至上——“金钱会成为区分人的贵贱、家庭的尊卑的主要标志，但是金钱又在不停地流动，不断转手，所以几乎所有人都在拼命地节约或赚钱。于是，这些情绪统治了社会：不惜一切代价积累财富的欲望，对经商的嗜好，对利益的追求和对享乐、物质享受的喜好。这些情感会弥漫在所有阶级之中，甚至那些一向与金钱无缘的阶级”。

纳税不公——“最能担负得起钱的人免税，最无力应对的人必缴。政府终于变得怪异，庞大的怪异：富人免税，穷人缴税”。

统计造假——“我原来以为只有今天的官员才喜欢统计数字，但我错了。旧制度末期，财政大臣取得的信息报表，和今天的市长和区长要求提供的信息一样，详细而不可信”。

……

诚如托克维尔所言：我的目的，不是要弄清病人是怎么死的，而是要弄清当初如何做他就能免于一死，就像一个医生努力激活每个麻木的器官，让它重新焕发生机。那么，托克维尔究竟有没有在法国得偿所愿，或者在多大程度上帮助了法国，先不去讨论，我倒在思考它对中国提供的镜鉴和启示。

通常，中国的学者习惯于把这种警示归纳为六点：一、革命往往会在对苛政“感受最轻的地方”爆发；二、经济繁荣反倒加速了革命的到来；三、将某一社会阶层推入孤立、失语的困境，很可能就等于把他们推向了革命；四、专制社会里，民众无法参与公共事务，彼此孤立，最终只会变得越来越自私自利；五、中间势力难以生存的社会，是“最难摆脱专制政府的社会”；六、民众“搞革命”时的种种不适当的方式，其实都是政府教的。

直白讲，我有两点浅见——

一、要比历史上任何时候都尊重自由。目前中国已融入“地球村”，进入数字化时代，公众思想更加多元，信息传播更加迅捷，社会矛盾更加容易“放大”。要医治道德堕落、市场无序等种种弊病，唯有“给予公民真正的自由”一途，没有其他的路可走。也许托克维尔的话可以解释这些：“自由本身就能与社会的固有弊病进行斗争，使社会不顺着斜坡滑下去。只有自由可以使人们摆脱独立的孤独感，把人们连接在一起，为了相互理解，为了共同利益进行互相争论和相互妥协。只有自由才能使人们从金钱崇拜中解脱，从琐细的日常烦恼中脱离，让他们意识到，个人之外还有一个国家存在于他们之上，存在于他们左右。只有自由可以唤醒高尚而强烈的情绪，超越享乐带来的快感，可以给人们提供比赚钱更高尚的信仰，并且产生光，清晰地照亮人类的美和善到底是什么样子”。

二、要比历史上任何时候都更注重营造平等的境域。托克维尔认为法国大革命的实质就是一场争取平等的社会政治秩序的革命，强调“人们已无可选择，必须接受社会将发展为一个平等的社会的事实，领导者所能做的只是对民主加以引导，重新唤起对民主的宗教信仰，洁化民主的风尚，规制民主的行动而已”。而中国，历来都“不患寡患不均”，于今尤甚，更多的人开始“知道平等的逐渐向前发展既是人类历史的过去又是人类历史的未来”。也许托克维尔描绘的“平等”社会的理想图画可资借鉴，他写道：巨富已经不见，小康之家日益增加，欲求和享受成倍增加……人的寿命越来越长，人的财富越来越有保障。

托克维尔说：如果不研究法国之外的事情，就永远无法真正理解法国大革命。同样，要实现“中国梦”，就必须放眼全世界，包括读读这“思想的磨刀石”、“发展的清醒剂”——《旧制度与大革命》。

直至这一刻，我才体味到王岐山推荐此书的深意：“希望大家看一下《旧制度与大革命》。”

18.1 探访梁家河

2015-5-30 上午 雨

老师在雨中讲，学员在雨中听。

前为高坡，远山衔黛；后是窑洞，光影斑驳。上空，雷声隆隆，要下透的意思。

噼里啪啦，真的淋湿了，却没有一个人挪动。就这样坐在梁家河，坐在知青旧居前，静静地听，听习近平当年插队的点点滴滴，体味那句“望

得见山，看得见水，记得住乡愁”。

这样另类的“上雨旁风”，是艺术家创作不出来的。它发生得那么自然、那么真切，我想，这场景一定径直走到了大家的心里，定格、镂刻。

是啊，哪里还顾得上这一点风雨——我们的脚下，就是习近平当年劳作的土地；我们握手的乡亲，就是习近平当年秉烛夜谈的伙伴。我们想知道，这片土地，究竟给了习近平什么？

习近平曾在一封信中写道：“作为陕西人，陕西延安更牵挂着我与别人不同的情感，这一片神奇的土地，也是我父辈战斗、生活过的地方；是蹉跎岁月里，我七年插队生活的地方。她充满了我无限的眷恋和回忆。”

这个地方，就是我们今天探访的梁家河。

梁家河，距延安市区70公里左右，在延川县文安驿镇的东南边。20世纪70年代，这个村有68户257人，耕地1960亩，其中1660亩是坡耕地，300亩是沟坝地，情形大概就如古语所云：“瓮牖绳枢，地瘠民贫”。

越过山丘，拐过林角，上午11：30，梁家河到了。

窑洞依山而建，参差错落，保持着原始的肌理与呼吸。洞前，都干干净净的，挂着一些玉米棒子；洞内，简朴、敞亮……虽然还不敢说是“陕北的好江南”，但已确非“绳床瓦灶”的旧模样。

我们参观了三处习近平住过的窑洞，相距不远。讲解员说，当时，都是五六个知青睡一条大炕，从1969年到1975年，习近平就在这儿住了七年，条件太艰苦了。

对于这种艰苦，2004年8月14日，时任浙江省委书记的习近平在接受延安电视台专访时有过回忆：

那是一个巨大的变化，所以我后来讲“过五关”。

第一关是过跳蚤关。很有意思，我一去最受不了的就是跳蚤。当时那个跳蚤，我这个皮肤很过敏，一咬就是成片的红包，最后红包就变成水泡了，水泡就烂掉，哎呀，痛不欲生啊。但是三年以后过去了，那也真是叫“牛肉马皮”了，不怕咬了。

第二关我说的就是饮食关。刚才讲了什么都不会吃不爱吃，五谷杂粮，那哪是五谷杂粮，是糠菜半斤粮，慢慢地我们就什么都吃了。最后，最爱吃老百姓送来的东西，这家送一个玉米糕，那家送来一个高粱米的团子，吃得都很好，酸菜成为我最好的美味佳肴，以至于到现在还想念那个酸菜。我们曾经可能都有几个月不吃肉的经历，见到了肉以后我和我同学，切下来就忍不住把生肉都吃了。

第三关就是生活关。生活关就是什么也不会做，什么都要依靠别人，后来就慢慢什么都学。我们都学着捻毛线，织袜子我还是织不好，但是缝衣服、缝被子这些活都是自己做，所有的这一套生活上的事情都会自己料理，所以这个是受益无穷啊。

第四关就是劳动关。刚才讲了嘛，我刚去上了山就气喘吁吁，后来给我们评的分是六分，当时六分是什么呢？刚刚参加劳动的小女孩，十五六岁，拿跟我们一样的工分，我们觉得自己没本事。随后，我就干得没黑没白，在窑洞里铡草，在牲口圈里铡草，然后一样一样地学。一年过去了以后，体力也上来了，后来就评成十分，十分还是那里最壮的劳动力。像我们到夏天担麦子，那也就是最多200斤，十里山路一口气就下来了。

第五关，那我想就是思想关。开始是格格不入啊，我刚一去了以后，看到我们这个窑洞在半山上，星星点点的煤油灯，我跟我的同学说，我说你们感觉有没有像山顶洞人的感觉，但是后来我们就是在这样的环境中住了七年。

对老百姓是由怕他上炕，到请他们跟我一起睡觉。我这个窑洞里有四五个小伙子陪着我。晚上不仅是他们，村里的其他人，都是陆续地吃完饭以后进了我的窑洞，来串门，来听我讲古今，因为我的故事多啊，问我这个问我那个。后来，我就给他们讲了《三国》、《水浒》、《红楼梦》，跟大家都成为好朋友。

何磊老师介绍说：那时的习近平，已被村民推选为村支书，带领群众办起了代销店、裁缝铺、磨坊、铁业社……

我们见到了一位特殊的老人，石玉新。老人75岁了，一脸沧桑，却精神矍铄。他是1974年和习近平同一批入的党，党龄比我年龄还大。老人指给我们看了文驿公社当时的批复函——梁家河村党支部：经公社党委1974年元月10日会议研究决定接你队石玉新、石风兰、习近平三同志为中共党员。党令（龄）即日起计算。特此函告。

在石玉新老人和何磊老师的讲述下，和习近平有关的几件往事在眼前浮现，并愈发清晰——

一件是“挑箱子”。村里有个精明的后生，那天给新来知青扛箱子时，率先挑了一个看起来比较小的棕箱，结果在路上反倒落在了后面。等歇息的时候，他随手掂量了一下别人扛的大箱子，才发现远没有自己的沉，他后悔自己上了当，嘴里嘀咕说，这北京知青是不是带了金元宝。后来证实，那个箱子是习近平带的，里面装的不是金元宝，而是一箱子书。习近平看书痴迷，有时还跑几十里地，找其他知青借书看。

一件是“跳沼气池”。1974年，习近平在报纸上看到四川绵阳一些农村在搞沼气池，用来做饭、照明，既方便，又廉价。想到村里年年拉煤的苦日子，他再也坐不住了，请假自费跑到绵阳实地考察沼气池建造技术。回到村里后，他带头建第一口沼气池。当时，沼气池有点漏气，他就跳下去修，脏物溅了一身……这是当时全县乃至陕西全省第一口沼气池。

还有一件是“十里相送”。1975年秋天，习近平被推荐读清华大学。10月7日那天，全村人都没上山干活，排了很长的队送习支书，足足送了十多里。有十几个人硬是步行60华里送他到县城，晚上一同挤在国营旅馆的一间平房里打地铺睡。第二天，他们一同到照相馆照了纪念照——那是他们第一次照相，花了5元5角钱。习近平要付钱，大伙儿不让，最后你三角他五角凑够了。这张珍贵的照片，如今就挂在窑洞里，向访客们无言诉说着那段佳话。

习近平曾撰文说，陕北七年“最大的收获有两点：一是让我懂得了什么叫实际，什么叫实事求是，什么叫群众。二是培养了我的自信心”。

边听边记边寻思。今天的探访给我们最大的启示就是：要接地气，要知道群众冷暖，要首先成为群众一员，要把脚踩在黄土地上……

惭愧的是，我们离群众、基层实在太远了。比如这半个月，我们都为学院的几棵果树（注：后证实为杏树）竖大拇指：结的果真多！但，是什么果呢？有的说是桃子，有的说是杏子，有的说是李子，还有的说是桃驳李……“四体不勤、五谷不分”的队伍里，多少也有我们自己的影子呢。

“我到农村插队后，给自己定了一个座右铭，先从修身开始。一物不知，深以为耻，便求知若渴”。2013年五四青年节，习近平同各界青年座谈时说的这番话，每位年轻干部都应铭记于心，笃行致远。

18.2 一座城市

2015-5-30 晚 晴

描述一座城市，我始终觉得力有不逮。

对城市，很多智者有过精辟论述。如，霍华德在《明日的田园城市》里就说：一座城市就像一棵花、一株草或一个动物，应该在成长的每一个阶段保持统一、和谐、完整。帕特里克·格迪斯则在《进化中的城市》中直言：城市必须不再像墨迹、油渍那样蔓延，一旦发展，他们要像花儿那样呈星状开放，在金色的光芒间交替着绿叶。亚里士多德也告诉世界：人们之所以来到城市，是为了生活得更好。

更何况是延安这座圣地这座精神高原，更何况我一直在学院内苦读，两耳不闻窗外事。除了以“三山（宝塔山、清凉山、凤凰山）鼎峙，二水（延河、汾川河）交汇，一城历史”来粗略概括它，除了知道这里有天下第一陵——黄帝陵、中国陆上第一口油井——延长油矿、甲天下的水果——洛川苹果，我实在说不出更多的道道。

学院煞费苦心，尽量让我们对延安多些认知。今天出发去梁家河前，

靳铭副院长专门给我们讲了延安的经济社会发展情况；回来的路上，又安排参观了建设中的延安新区，听取了当地“中疏外扩，上山建城”构想的介绍。很振奋，相信延安的明天一定会更好！

如果说有个小小的心愿，那就是——

我希望“红的更红”。延安是1982年国务院公布的首批24个历史文化名城之一，境内有历史遗迹9262处，革命旧址445处，其中全国重点文物保护单位5处18个点；有历史文物保护景点848处，有保存完好的宋代石刻群洞18个，石窟寺14处，有建于唐代的宝塔等12处古建筑。这是多么宝贵的财富啊，这是“穿越时空的魔法武器”啊，给座金山银山也不能换。目前，老城区168处革命旧址与商业区、居民区混杂，一些被挤占、蚕食。必须牢记：要找准历史和现实的结合点，深入挖掘历史文化中的价值理念、道德规范、治国智慧。

我希望“绿的更绿”。1999年，延安在全国率先启动退耕还林工程。截至去年年底，已累计退耕还林1013万亩，有“全国退耕还林第一市”之称。卫星遥感图显示，延安退耕还林以来的十多年，陕北地区的绿色整整向北推移了近400公里！目前，还有一些25度以上坡耕地尚未退还。“行百里者半九十”，要加油冲刺！

我希望延安这座拥有220万人口、3.7万平方公里土地的圣城，“对照过去我认不出了你，母亲延安换新衣（贺敬之诗句）”。

19.1 群众路线

2015-5-31 上午 晴

“太精彩了，既有高度又有深度，深入浅出，形象生动，理论性和实践性都很强……”

这是学员们对中央党校党建教研部副主任祝灵君教授讲课的普遍评价。祝教授今天讲的是《中国共产党群众路线的理论与实践》。

祝教授先提供了两个视角，帮助大家思考群众路线。

第一个是刘少奇的一句话。刘少奇说：“如果不向群众学习，而是自作聪明地从脑子想出一套东西，或生硬地从历史经验与外国经验中搬运一套东西，来启发群众和指导群众，那一定是无用的。”这个观点告诉我们，中国的事情要用中国的办法来解决，不能照搬国外的那一套，因为中国人的思维跟西方人的思维方式、心理状态和行为模式都有很大差别。

第二个是毛泽东的一段话。张闻天在《出发归来记》中记载了1943年毛主席和他的一段谈话。毛泽东对张闻天说，他有时对于一件事情感觉到毫无主意，感觉到沉闷，但一同实际接触，一同群众和下层干部接触之后，主意就出来了，人也感觉轻松了。这就是说我们做事情的时候，如果感觉到没招的时候，要虚怀若谷，以群众为师。

“这两段话都是群众路线，从实践中来，到实践中去。”祝教授说，群众路线离大家不远，在生活中无处不在、无时不有。习近平同志说过，“千万记住政府前面的‘人民’两字”、“当县委书记一定要跑遍所有的村，当地（市）委书记一定要跑遍所有的乡镇，当省委书记一定要跑遍所有的县市区”。

删繁就简，口吐珠玑，祝教授重点讲授了两个方面的内容：一是党在历史上如何做好群众工作；二是新形势下群众工作如何做。

党在历史上如何做好群众工作呢？祝教授将其归纳为“四个原理”、“十条经验”。

一、密切联系群众的四个基本原理。（一）循环原理。做群众的工作就是做人的工作，只有起点没有终点。不可能一气呵成，不可能毕其功于一役。（二）沙漏原理。如果沙漏的上端是理论，下方就是实践，理论与实践双双融合、双双提高，这样民族的智慧会凝聚。如果理论脱离实际，每个人都好高骛远，想干大事，没人想干小事，这样的民族要出问题。（三）大树原理。树冠大是招风的力量，树根扎得深才有支持的力量。如果扎不进去，树冠再大也没用，一股风吹来就倒了。开展群众路线教育实践活动，就是让党员干部融入老百姓当中去。（四）杠杆原理。我们把杠杆支点选得离老百姓近些，就可以把老百姓撬起来跟党走。如果支点离老百姓很远，老百姓就会把我们撬起来，我们就失去先锋作用。

二、过去我们党密切联系群众的十条好经验。（一）善于与最广大人民群众联系，并抓住关键性群体——青少年、妇女、流动人口、知识分子。（二）善于给人民群众看得见的物质福利与荣誉。毛泽东说过，一切空话都是无用的，必须给人民群众看得见的物质福利。（三）善于从思想上教育群众、引领群众。过去我们教育、引领群众用的是四部曲：尊重、适应、引导、改进。（四）善于通过各种形式把群众组织起来。（五）善于在群众中发现并培养“群众领袖”。（六）严格执行党的纪律。（七）整顿党的基层组织，巩固基层群众对党的信任。基层不牢地动山摇；基层组织软弱涣散，群众工作基本完蛋；基层组织软弱涣散，群众工作基本别干。（八）反对官僚主义，干部与群众打成一片。官僚主义是一个极坏的家伙，毛泽东说过要把它扔进粪缸里面去。（九）建立民主政治，把群众的意见聚合起来。（十）善于发现并总结群众工作的规律与得失。

祝教授认为，这十条经验过去管用，现在管用，将来也管用。他举了大量例子，印象最深的有三个：

一个是看戏。20世纪40年代，燕京大学教授埃德加·斯诺发现在延安剧院里看戏，坐在最好位置上的不是共产党的干部，而是伤残军人的家属。他感到非常震惊，在《红星照耀中国》里专门讲述了这个故事。

一个是座位。鞍山钢铁公司的前身是日本的制铁厂，原来在日本工厂工作的工人孟泰带领一群工人，让这个工厂恢复生产。他被评为全国劳模，到北京开会，和毛主席、周总理一起坐在主席台第一排。“离毛主席就五个位置，离周总理也就六个位置，多大的鼓励啊！”

还有一个是打狗。1945年夏天，在山东临沂抗日根据地，八路军夜里行军偷袭日军。在偷袭的过程中，老百姓家的狗叫了，暴露了行踪。罗荣桓要求打狗。老百姓不干，把狗藏起来。罗荣桓一看立即要求停止打狗，让干部到每个村去开群众大会，告诉老百姓打狗和打日本鬼子的关系——此时打狗就是打鬼子。老百姓一听就明白了，自己主动把自家的狗打死了。

那么，新形势下如何做好群众工作呢？祝教授给了十条建议：（一）利用人性原动力原理。（二）大力推进协商民主。（三）基层治理与党建工作的网格化。（四）社区管理的系统化创新。（五）加强群众的情绪疏导与情绪管理。（六）建立“三区”平台，培养“三工”队伍。（七）既要办好大报，也要办好“小报”。（八）改进党员教育与干部教育。（九）积极推进“居民公约”。（十）推进基层服务型党组织建设。

这一部分，祝教授讲的三个细节印象深刻：

一幅“小孩拉牛尾巴”的图。假设这一头牛是人民群众，小孩是共产党，共产党当人民群众的学生，牢牢拽住人民群众的尾巴，让他有正确的行进方向，这就是我们当学生不犯尾巴主义错误的智慧。假设这头牛是共产党，小孩是人民群众，共产党当人民群众的老师，走得很温顺，没有犯命令主义错误。这就是毛主席告诉我们做人的工作的最高艺术境界：当老师不犯命令主义错误，当学生不犯尾巴主义错误。

群众工作的“微积分”原理。做人的工作要关注细节，细节决定成败，否则是不能做群众工作的。所谓微积分是指正向的事情多做积分，负向的事情多做微分。

英文中爱是Love。这四个字母分别代表四个意思，即倾听、尊重、重视、包容。人家讲话认真倾听，人家即使犯了错误也要尊重，人家的态度、观点要重视，人家有什么说得不好要包容。只要这么去做，每个人都能传播正能量。

千里之行，始于足下。群众工作，知易行难。“要拎着乌纱帽为民干事，不要捂着乌纱帽为己做官”，好好努力吧。

19.2　拜人民为师

2015-5-31　下午　晴

不知不觉，大家已经习惯了研讨。

甚至有点喜欢了——虽然未必像列夫·托尔斯泰说的“与人交谈一次，往往比多年闭门劳作更能启发心智”那么高大上，但“视角迥异又谦冲自牧”的交流，的确让人俯仰取拾，神怿气愉。

今天下午，围绕梁家河村的体验和当前党群关系特点，我们进行了分组研讨。

张晔第一个发言。她总是准备充分，一上来就引经据典，一二三，倍儿清楚。今天，她引用了孟子的“天将降大任于斯人也，必先苦其心志，劳其筋骨，饿其体肤，空乏其身”，来形容习近平的成长经历，切近的当，恰如其分。就是在梁家河这片土地上，习近平沾体涂足，迈出了人生的第一大步……

徐勇认为：要搞好党群关系，就要加快经济发展，先把蛋糕做大，再把蛋糕切好；钱江说道：在涉及群众切身利益时，一定要软着陆，不能硬着陆；多吉直言：要搞好党群关系，就要勇于接受批评，允许“有一点不同声音”；盛刚指出：做群众工作，是领导干部的看家本领，必须加强；王军有感而发：做群众工作，既不能形式化，也不能庸俗化……

大家的发言，中情烈烈，给了我很多启迪。我发言的主题是《做群众工作首先要了解群众》。除了引用习近平办沼气池的例子，我还举了习仲勋主政广东时的两个例子。

一件是处理“偷渡”事件。广东群众偷渡到港澳，是一个老大难问题。从1954年至1978年，广东共发生偷渡外逃56.5万多人次，逃出14.68万多人。习仲勋到广东后，第一次外出到地市县考察就选择了逃港最严重的宝

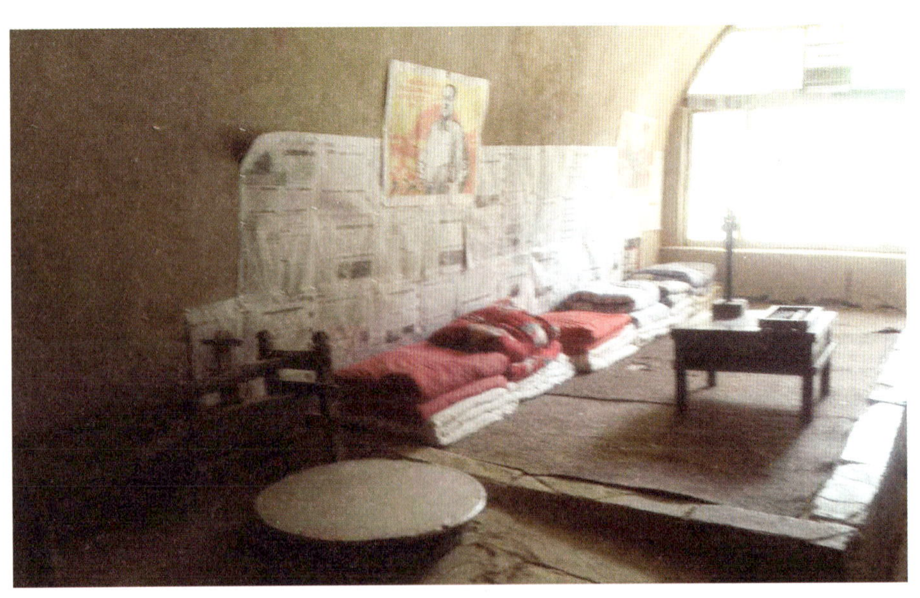

安。他除了听介绍，还坚持到收容站去看实情。在收容站里，他问一个偷渡的人："社会主义那么好，我们自己当家做主人。你们为什么要跑到香港那边给人当奴仆，受人剥削？"偷渡的人说："我们穷，分配很低。到香港容易找工作。"此后，习仲勋公开讲："不能将偷渡外逃当作敌我矛盾，港澳也是我们领土，群众日子过不下去往那边跑，只能叫'外流'，不能叫'外逃'。今天不跑明天还是会跑。关键的问题还是要发展生产，提高生活水平。"

一件是平反彭湃冤案。"文化大革命"期间发生了反彭湃的反革命事件，彭湃这位被毛泽东称为"农民运动大王"的革命家，被诬陷为"叛徒"，其亲属和维护革命烈士英名的干部群众也遭到残酷镇压，致死160多人，伤3000多人。1978年6月18日，习仲勋明确指示要复查平反，并到潮汕地区了解实情。个别造反起家的人主张不能平反，扬言要向中央告状。习仲勋大义凛然，不为所动，坚决为彭湃平反昭雪。

从群众中来，到群众中去，优秀的共产党人莫不如是。正如习近平2013年在纪念毛泽东同志诞辰120周年座谈会上所说：在人民面前，我们永远是小学生，必须自觉拜人民为师，向能者求教，向智者问策；必须充分尊重人民所表达的意愿、所创造的经验、所拥有的权利、所发挥的作用。

拜人民为师，甘当小学生。这十个字，当如重锤响鼓，时刻擂响在共产党人的心上。

19.3 意外走红

2015-5-31　晚　晴

本班意外走红。

这两天，由本班学员郝向宏撰写的《革命理想高于天——第3期年轻干部党性教育专题研修班学员赴照金马栏南梁教学纪实》一文，在网络上火爆起来，有的网站将其置顶，有的加了编者按，赫赫扬扬，袒威盛容。从专业角度看，向宏确实写得好，抓住了新闻眼；从学员角度讲，他写得真切，读来如临其境。收存如下：

年轻干部延安找寻"党群关系耿飚之问"的答案

【编者按】重视年轻干部培养选拔，强调干部队伍年轻化，是党的干部工作的基础和重点。习近平曾多次强调，做好培养选拔年轻干部工作，要把理想信念教育作为一项根本任务抓实抓好。年轻干部，应当如何提升党性修养、如何坚定理想信念呢？

继2014年6月下旬中共中央办公厅下发《关于加强和改进优秀年轻干部培养选拔工作的意见》以来，全国各地的年轻干部陆续走进中央党校、中国井冈山干部学院、中国延安干部学院等进行党性教育专题学习。2015年5月14日，第3期年轻干部党性教育专题研修班在中国延安干部学院正式开班。

5月27日，中国延安干部学院官方网站上刊发了《革命理想高于天》一文，文中开篇提出"党群关系的耿飚之问"——"如果再遇到危急关头，人民群众会不会像革命战争年代那样舍生忘死来保护我们的党员干部？"通过十多天学习，第3期年轻干部学员带着问题，寻找到了答案。

全文如下：

革命理想高于天

——第3期年轻干部党性教育专题研修班学员赴照金马栏南梁教学纪实

我是谁，依靠谁，为了谁，这是中国共产党人执政之问。

陕甘边，为什么会成为中国土地革命后期硕果仅存的根据地，为什么会成为红军长征的落脚点，为什么会成为八路军北上抗日的出发点？这是中国革命的生死之问。

如果再遇到危急关头，人民群众会不会像革命战争年代那样舍生忘死来保护我们的党员干部？这是党群关系的耿飚之问。

带着问题，寻找答案。

5月20日至24日，第3期年轻干部党性教育专题研修班的全体学员奔行1300多公里，横跨陕甘两省的铜川市、咸阳市和庆阳市，走进曾经战火烽烟的照金镇，走进曾经书声琅琅的马栏镇，走进曾经成就斐然的南梁镇，开展了22次各类教学体验活动，产生了感同身受、刻骨铭心的党性教育效果。

学员们认为，用信念之火铸就的党性，才能坚如磐石、始终如一。黄埔第四期毕业生刘志丹在入党时说：入党就是要为自己的信仰奋斗到底，作为一个人来说，奋斗到底，就是奋斗到死。

学员们感到，革命理想高于天，既是一种革命浪漫主义情怀，更是一种战胜困难的精神之钙，是生命自信和价值自信，更是道路自信、理论自信和制度自信。陕北公学校歌表达了不变的心声：这儿是我们祖先发祥之地，今天我们又在这里相聚。民族的命运全担在我们双肩，抗日救亡要我们加倍努力。忠诚，团结，紧张，活泼，战斗地学习。

学员们坚信，一个以人民利益为依归的政权，一个为人民幸福而矢志奋斗的政党，一个始终保持廉洁的组织，一定会带领人民实现梦想。陕甘边区苏维埃政府成立后，不但公布了搞活边区经济、改善人民生活的“十大政策”，而且把廉政作为头等大事。边区苏维埃政府首任主席习仲勋说：我们定了法，贪污10块大洋就要枪毙。所以，艰苦环境中的陕甘边区成为中国革命的涵养源和腾飞地。

烽火照金：党建立的第一个西北山区根据地

5月20日、21日，学员走进了陕西省铜川市耀州区照金镇。

照金，位于陕甘交界处的桥山南端，因“日照锦衣，遍地似金”而得名。此地山高沟深，丛林密布，是丹霞地貌的样本。北宋画家范宽曾以照金雄阔的丹霞山岳为原形创作了《溪山行旅图》，开创了全新的审美范式，成为“上一千年对人类最有影响的百大人物”。

1932年9月，“两当兵变”失败后的习仲勋在照金第一次见到了谢子长和刘志丹，接受了创建根据地和组建游击队的任务。他先后在照金建立了陕甘边特委和革委会，进行了根据地建设的一系列尝试，为最终建立陕甘边根据地创造了条件。

在照金革命纪念碑前，学员们仰望高达19.33米的碑体，深切缅怀照金革命根据地先烈的丰功伟绩。在照金革命根据地纪念馆，学员们知道了刘志丹对习仲勋说过的话：干革命还能有不失败的时候？失败了再干嘛！他还鼓励习仲勋说：队伍走了，你们会遇上很大困难，只要政策对头，紧紧依靠群众，困难是可以克服的。也是在这里，1933年5月，习仲勋在征粮途中受伤后，得到了照金群众的精心照护才得以恢复健康。还是在这里，大家看到了那张决定红军最后落脚陕甘边根据地的《大公报》。从中，学员们体会到了坚定的理想信念，坚强的群众基础，是战胜一切困难去夺取胜利的法宝。

薛家寨，位于千米绝壁的半山腰。1933年4月，陕甘边革委会机关进驻，在这里建立了被服厂、军械厂和红军医院，生产了威力较大的“麻辫手榴弹”，还在山下设立了集市，搞活贸易流通。学员们为这犹如山顶洞人般的军事摆布和根据地建设雏形所深深震撼。

陈家坡，薛家寨通往渭北的重要关隘。1933年8月，习仲勋等在此召开会议，决定了加强党对红军和游击队的统一领导，巩固和扩大陕甘边革命根据地，克服了“左”倾冒险主义的影响，从而使陕甘红军由衰到盛，从弱变强。

学员们认为，每在生死攸关的时刻，我们党都是通过独立自主的集体智慧，制订了渡过难关和步向胜利的正确决策。可以说，没有陈家坡会议的决策，红军和根据地建设就不能转危为安，也就没有之后主动撤离照金和开辟以南梁为中心的陕甘边根据地的巨大成效。

红色马栏：人才的摇篮和根据地的典范

5月22日，学员走进了陕西省咸阳市旬邑县马栏镇。

马栏是陕甘边革命根据地的中心和重要活动地区之一，是关中分区政治、军事、经济中心和陕甘宁边区的南大门，也是仁人志士、军需物资通往延安的重要驿站和红色通道，是培养革命干部的摇篮。

在马栏纪念馆和纪念碑前，大家深切感受到了关中特区革命前辈在守卫陕甘宁南大门中表现出来的坚定革命信念，大家在看花宫村实地考察了陕北公学旧址，在马家堡村考察了关中特委旧址，并听取了“习仲勋与关中特委”的专题讲授。

在讲授中，大家知道了习仲勋因为领导关中特区建设成绩卓著而得到了毛泽东的题词嘉奖。1936年至1942年，习仲勋任关中特委书记，在关中工作的6年中，他带领关中人民在毛泽东思想的旗帜下前进，创造出了显著的工作成绩。1943年1月，毛泽东给领导经济建设成绩卓著的22人题词褒奖，给习仲勋的题词是“党的利益在第一位”。毛泽东的题词给了习仲勋巨大的鼓舞，他说：这个题词，我长期带在身上，成了鼓励我努力改造世界观的一面镜子。

大家还知道了，正是由于在建设关中特区时，习仲勋与邓小平有过一段时间的交往，所以在1979年中央工作会议期间，习仲勋在向邓小平汇报在深圳等地究竟是建设出口加工区还是自由贸易区时，邓小平对习仲勋说：还是叫特区好，陕甘宁开始就叫特区！

关中特区高度重视学校教育工作，提高了群众的文化水平，培养了大批革命人才。在看花宫的陕北公学旧址，大家知道了毛泽东同志的秘书田家英、邓小平同志的夫人卓琳等都是陕北公学的学生。马家堡还诞生了陕甘宁边区第二师范学校，习仲勋亲任校长。成仿吾亲自为校歌作词：救救孩子的呼声，喊在二十年前，救救孩子的责任，落在我们双肩。要艰苦地学习，艰苦地锻炼，才有健康的乳汁，去哺育孩子们。据统计，陕北公学培养了6000多名学生，第二师范培养了800多名学生，都成了革命的英才。

马栏区木匠王庭有创作的《十绣金匾》唱响边区。诗人艾青说：从这首歌里，我们可以看出劳动人民对于革命领袖、革命军队、革命政权和革命根据地的纯真的爱和对劳动生产的热情。只有在民主政权下面生活的人，才能唱出这样的歌。王庭有被评为甲等艺术英雄，受到毛主席的会见。

劳动人民对于党和边区政府的热爱，源自于边区民主政权建设的公平正义和经济建设的繁荣。关中特区进行了大规模的普选，落实了“三三制”的设置要求，进行了独具特色的“投豆”选举和烧香“点洞”选举，选出了真正代表人民利益的政府。特区进行了土地改革和大生产运动，改善了人民生活。

学员们认为，以马栏为中心的关中特区建设经验，对我们今天仍然具有重要的现实意义。要做好工作，必须一切从实际出发，办符合百姓利益的事。要加强党同人民群众的血肉联系，习仲勋当时就能叫出特区每一个老百姓的名字。要发展经济，不断改善人民的生活。要坚持走自力更生、艰苦奋斗之路，始终带领群众为实现更美好的生活目标而奋斗。

梦起南梁：实现中国梦的基因谱和路线图

5月23日、24日，学员们走进甘肃省庆阳市华池县南梁镇。

南梁是中国西北第一个工农民主政权——陕甘边区苏维埃政府的所在地，是第二次国内革命战争后期我党硕果仅存的革命根据地。习近平同志在2009年6月调研南梁时要求对南梁的革命历史好好研究：陕甘边革命根据地为什么是硕果仅存的根据地？为什么会硕果仅存？

学员们向南梁烈士纪念碑敬献花篮，表达了对刘志丹、谢子长和习仲勋等革命先烈开辟革命根据地的深切敬仰。在南梁烈士纪念馆，学员们认真感悟了陕甘边革命根据地创建的艰难和重要的历史地位。大家参观了列宁小学旧址，铭记住了列宁小学课本上那句著名的话：马克思是谁呢？是世界革命的领袖，他终生领导着我们穷人革命，还把穷人革命的办法指示出来。在华池大凤川抗大七分校旧址和军民大生产旧址，学员们知道了毛主席教给抗大学子的三件宝：锄把子、枪杆子和笔杆子，更知晓了1943年，耿飚等率领的一二九师三八五旅就是在这里开展屯田垦荒的大生产运动，把这里变成了陇东的南泥湾。

在讲授中，大家知道了陕甘边区工农兵代表大会于1934年11月1日在南梁荔园堡关帝庙召开，100多名代表认真讨论了根据地建设的重大问题，决定正式成立陕甘边区苏维埃政府，习仲勋当选为陕甘边区苏维埃政府首任主席。

让学员们感到由衷震撼的是，陕甘边区苏维埃政府成立后颁布实施的“十大政策”，居然如此富于远见、如此熟谙规律、如此体现群众意志，而这居然是在贫穷困苦、教育落后的子午岭窑洞中创制出来的。这些政策可以概括为：土地政策、财经粮食政策、军事政策、统一战线政策、民政劳资政策、文化教育政策、知识分子政策、肃反政策、廉政政策、社会政策。基本上覆盖和代表了现代政府治理的领域和方向。

学员们深刻体会到，由于“十大政策”的实施，不但使得南梁成为政治清明、经济发展、文化进步的革命区域，而且成为广大青年向往革命走向进步的地域。更为重要的是，“十大政策”所体现出的实事求是品格和现代治理的精神，也成为以后建设关中特区、陕甘宁特区甚至社会主义建设和改革开放建设的重要基因谱和路线图。

南梁局部执政所积累的经验，以及创办列宁小学、建设抗大七分校和开展军民大生产运动，体现出了艰苦条件下党的领导者的深邃眼光和科学理念，对于我们今天完善中国特色社会主义和实现国家治理体系和治理能力现代化具有重要的借鉴价值。一位学员深有感触地说，内政外交、国防军事，其实都可以从陕甘边的执政经验中找到基因，汲取精髓。

童年时的情形，就是长大后的样子。

在教学中，学员们还与铜川市耀州区、照金景区管委会、照金文投公司就“照金做法”和“照金经验”进行了座谈交流，对利用红色资源建设照金红色小镇，实现新型城镇化，提出了有益的建议。

大家还与党的十八大代表、全国劳动模范、铜川市瑞辉老年护理中心创办人杨瑞辉，全国先进工作者、全国三八红旗手、铜川市王益区红旗社区负责人李秋莲进行了互动座谈，深刻感受到了奉献自我、服务人民所产生的道德力量，认识到了党员的模范行动对巩固党的群众基础发挥的重要作用。

学员们还参观了庆阳市华池县大学生百万只羊产业服务基地、柔远镇孙家川村党建综合示范点，参加了庆阳市革命老区基层党建和脱贫致富座谈会，对庆阳市结合自身资源优势，推进红色资源开发、优化农业装备条件、加强交通建设和形成新型主导产业提出了建议。

装点此关山，明朝更好看。

学员们表示，这次教学活动是寻梦之旅，在梦开始的地方感知到了党为人民初心不改的信念；是励志之行，老区面貌的沧桑巨变，让大家更加坚信陕甘边所奠基的中国道路具有广阔的发展前景；是奋发之举，当民族的伟大复兴、人民的殷切期盼，历史地落在青年干部的肩上时，我们的担当一定无愧毛泽东对陕甘宁边区的殷切期望：继承光荣传统，争取更大光荣！

常务副院长陈燕楠、培训部主任马广荣以及学院有关部门同志参加了此次教学活动。

20.1 红四战队

2015-6-1 上午 晴

尺璧寸阴，六一驾到。

课程安排是自学。组长通知：赶紧过来讨论主题辩论的事儿。

明天要主题辩论，辩题是“为群众谋福利，首要任务是促进经济发展；为群众谋福利，首要任务是实现成果共享”。已抽过签，本组抽到反方——为群众谋福利，首要任务是实现成果共享。

这个辩题，虽然不算特别新，却切合实际，是很多领导经常要面对的难题，辩论起来应该挺有意思。“所谓真正的智慧，都是曾经被人思考过千百次；但要想使它们真正成为我们自己的，一定要经过我自己再三思维，直至它们在我个人经验中生根为止”。

本组昨晚已分过工，确定了“红四战队”：徐勇为一辩，多吉为二辩，张凯为三辩，刘岩为四辩。一晚上，大家都在找材料，出主意，悉心戮力。这不是哪一个人的事，关乎全组荣誉，大家都要贡献智慧和力量。多数人看到的，总比一个人看到的要周详。

今天讨论得够激烈。与其说是备战辩论，莫如说是一次学习的深化与思考。好像有先哲说过，思考是人类最大的乐趣之一，一分钟的思考抵得过一小时的唠叨。

大家的共识是：一辩立论一定要稳，要逻辑缜密，无懈可击，同时要气势如虹，压倒对方；二辩、三辩要反应迅速，善抓漏洞，直指要害，条分缕析；四辩总结陈词要高屋建瓴，驳而申之，入木三分。但大家对如何论证“首要任务是实现成果共享”而不是“最终目的是实现成果共享”有不同视角，对如何攻击对方的“首要任务是促进经济发展”也莫衷一是。

“十家锅灶九不同”，大家你一言，我一语，见仁见智，头脑风暴。最后，大家确定立论的四个要点为：一、成果共享符合社会主义的本质、目的和根本原则；二、成果共享能够营造经济发展的制度环境；三、成果共享是落实“四个全面”战略的具体体现；四、成果共享是经济发展的保障。

组长说，现在只是有了个框架，具体的大家下去再丰富、完善，深惟重虑，集思广益。

想一想，多少年没参加过这么认真的辩论了。大家仿佛回到了同学少年，个个意气风发，“老小孩”一样，连上场穿衣服的颜色都发言盈庭，争个七荤八素。最后确定为：统一穿白衬衣，没有白衬衣的就向同学借，包括向对方辩友借。这不由得让我想起影像中的一幕：在抗日誓师大会上，红军将领刘伯承带头换上了国民革命军的军帽，说“同志们，为了救中国，暂时和红军帽告别吧”！哈哈，这就是思考的力量——智慧，不是死的默念，而是生的沉思（斯宾诺莎语）。

期待明天的精彩！

20.2　特殊的交流·扶贫

2015-6-1　下午　晴

下午是一场特殊的交流。

学院培训任务重，多为十来天的班，我们班是学制最长的，为期一个月。这一个月里，上午、下午都是课，晚上也经常有活动安排，周六、周日还要上课。实际上这一个月学习的量，比平常两三个月还要大。但因为这里“处处是心灵落户地，人人皆灵魂工程师”，大家不仅不觉得累，反而非常充实、快乐，充满了蓬勃向上的正能量。

与我们同期在院学习的，还有第4期厅局班、第6期县委书记班、国防大学防务学院第35期学员班、甘肃省中青班，等等。按照学院安排，我们班今天与甘肃省中青班分组经验交流。从一座奇妙的花园，串门到另一座奇妙的花园，无疑会更奇妙。

我们交流的主题是：学习习近平总书记在陕甘宁革命老区脱贫致富座谈会上的讲话，做好扶贫开发工作。双方互动热烈，探讨深入，火花四溅。

本班先发言。汤立斌说：扶贫要分类指导，避免撒胡椒面；多吉讲：要加快“铁公鸡（铁路、公路、机场）”建设；盛刚认为：一定要固本培元，让老百姓受益；刘岩呼吁：一定要遵循规律，不能太急功近利；张凯主张：不能为了金山银山而毁掉绿水青山；黄玲直言：人才支撑必须跟得上……纵横捭阖，亹亹不厌。

甘肃省中青班平均年龄比我们小好几岁，这次也是有备而来，个个才思敏捷。魏建宝说：对扶贫项目，不能“勾圈剋（勾引来、圈住了、剋你）”；马万荣讲：“陇中苦瘠甲天下”，要真帮真扶；马玉福认为：要因地制宜，差异化帮扶；草珺呼吁：要加强教育扶贫，特别是职业技能培训；杨满红谈道：扶贫要扶进深山，不能只扶路边；卢少卿提醒：要特别防止“因病返贫”、“因学返贫”……

在和甘肃学员的交流中，我们了解到，甘肃是全国最贫困的省份之一，贫困人口多、贫困面积大、贫困程度深。有的群众还在光木板上睡觉，连条床单都没有；有的群众家徒四壁，最值钱的家当是一只铁桶……我的发言主要是两点：一、扶贫工作要消除“肠梗阻”。扶贫是全国课题，广东也在其列——最富的在广东，最穷的也在广东。不解放思想不行，“活人不能让尿憋死”，要敢闯敢试，甚至要付一点学费。特别要弄清楚影响农民脱贫的“肠梗阻”，动刀子解决。二、扶贫工作要立足“拔穷根”。不能一味给钱，也不能一窝蜂。要防止“扶贫扶贫，越扶越贫”、“输血过度，失去造血能力”。好钢用到刀刃，扶贫也要扶到点子上，多从根子上解决问题。

通过深度交流，大家抃风舞润，更加认同习近平总书记在座谈会上的三段讲话：

——在发展中，要坚决守住生态红线，不断涵养生态资源，尽可能减少对生态环境的损害，让天高云淡、麦田覆盖、草木成荫、牛羊成群始终成为黄土高原的特色风景，决不干毁祖传家业、断子孙后路的蠢事。

——要有一个正气弘扬、歪风邪气没有市场的政治生态。政治生态好，大家就能够朝着正确的、正能量的方向发展。政治生态不好，好的人也容易在其中被逆向淘汰。

——幸福美好生活不是从天上掉下来的，而是要靠艰苦奋斗来创造……

扶贫，不仅仅是一种“振穷救急，倾家无爱”的义举，更应是一种“稳暖皆如我，天下无穷人”的责任担当。每个人，都责有攸归，义不容辞。

20.3 《改造我们的学习》

2015-6-1 晚 晴

落日熔金，暮云合璧，人在步行。

晚饭后，照例散步。这回整个严重点的，刘岱、代锋、杜贤和我，执意“远足”。

出西门，绕到山脚，东行至公园，再折返西行，直至枣园旧址……回到学院，一看计步器，整整8000步。有点汗涔涔，挺好。

再来枣园，多了许多亲切。已是7:11，往日这个时候已关门上锁。门卫见我们很恳切的样子，就放行了。我们膜拜了“五大书记”的旧居，还看了防空洞、马厩、幸福渠等。毛泽东旧居位于枣园东北半山坡上，与周恩来和朱德的旧居左右为邻，窑洞面向西南，共分5孔，由右边分别为会客室、办公室、寝室，其余两孔是工作人员住室。书记处小礼堂坐落在枣园中央，为砖木结构，关于重庆谈判的决策就是在这里确定的。而在抗战的最后时刻，为了应对瞬息万变的形势，毛泽东干脆把办公室也搬到了小礼堂，每天在这里工作十多个小时。办公桌是原来的一张乒乓球台子，中间摆着些笔墨纸砚，别无他物。

忽然看到了枣花，小小的，淡淡的，微微香……枣园名副其实啊。就是在枣园，诞生了《为人民服务》的经典文献。“为人民服务”思想，应该说是随着革命实践的发展而逐渐形成的。毛泽东最早明确提出这一概念，是在1939年2月致张闻天的信中。他尖锐地批评了旧道德之勇，说这种勇只是“勇于压迫人民，勇于守卫封建制度，而不勇于为人民服务”。1939年12月，毛泽东在《纪念白求恩》一文中提出学习白求恩同志毫无自私自利之心的精神，他写道：“一个人能力有大小，但只要有这点精神，就是一个高尚的人，一个纯粹的人，一个有道德的人，一个脱离了低级趣味的人，一个有益于人民的人。”1940年11月，他又提出：新民主主义文化“应为全民族中百分之九十以上的工农劳苦大众服务”。1942年5月23日，在延安文艺座谈会上，他指出：“对于过去时代的文艺形式，我们也并不拒绝利用，但这些旧形式到了我们手里，给了改造，加进了新内容，也就变成革命的为人民服务的东西了……”

说到白求恩——这个在课本上熠熠生辉的名字，我想起了冯建玫老师的一段描述：“那是怎样艰苦而孤独的时光，甚至没有几个人能用英语与他交流……一天8台手术，他却由衷地感到快乐……”更不会忘记毛泽东那经典的描述：白求恩同志毫不利己专门利人的精神，表现在他对工作的极端的负责任，对同志对人民的极端的热忱。每个共产党员都要学习他。不少的人对工作不负责任，拈轻怕重，把重担子推给人家，自己挑轻的。一事当前，先替自己打算，然后再替别人打算。出了一点力就觉得了不起，喜欢自吹，生怕人家不知道。对同志对人民不是满腔热忱，而是冷冷清清，漠不关心，麻木不仁。这种人其实不是共产党员，至少不能算一个纯粹的共产党员。从前线回来的人说到白求恩，没有一个不佩服，没有一个不为他的精神所感动。

明月清风，圆木警枕，不读书有点可惜啊——这个世界，唯有梦想和读书不可辜负。打开《延安时期党的重要领导人著作选编》，很多篇章读过，但此时此景再读，又别有洞天。

如毛泽东的《改造我们的学习》一文，写于1941年5月19日。如今74年过去了，仍窈窈冥冥，辞微旨远，且历久弥新。看看这些论述：

——“闭塞眼睛捉麻雀”，“瞎子摸鱼”，粗枝大叶，夸夸其谈，满足于一知半解，这种极坏的作风，这种完全违反马克思列宁主义基本精神的作风，还在我党许多同志中继续存在着。

——不论是近百年的和古代的中国史，在许多党员的心目中还是漆黑一团。许多马克思列宁主义的学者也是言必称希腊，对于自己的祖宗，则对不住，忘记了。认真地研究现状的空气是不浓厚的，认真地研究历史的空气也是不浓厚的。

——对于自己的历史一点不懂，或懂得甚少，不以为耻，反以为荣。特别重要的是中国共产党的历史和鸦片战争以来的中国近百年史，真正懂得的很少。近百年的经济史，近百年的政治史，近百年的军事史，近百年的文化史，简直还没有人认真动手去研究。

——许多人是做研究工作的，但是他们对于研究今天的中国和昨天的中国一概无兴趣，只把兴趣放在脱离实际的空洞的“理论”研究上。许多人是做实际工作的，他们也不注意客观情况的研究，往往单凭热情，把感想当政策。这两种人都凭主观，忽视客观实际事物的存在。或作讲演，则甲乙丙丁、一二三四的一大串；或作文章，则夸夸其谈的一大篇。无实事求是之意，有哗众取宠之心。华而不实，脆而不坚。自以为是，老子天下第一，“钦差大臣”满天飞。

……

对照自身，这些缺点有没有？有不少是有的，有些“就像某些地表河先沉入地下变成地下河，然后在某处重新冒头。拍打着新岸的，还是之前的水”。比如，学习不系统，犀牛望月，识二五而不知十；比如，不求甚解，只图囫囵吞枣，极少“探赜索隐，钩深致远”；再比如，学习外国经验的兴趣高，了解我党的愿望不够强，总觉得受党教育多年，都在骨子里了……“君子检身，常若有过”，反身而诚，乐莫大焉。但这种自我反省、自我改造殊为不易。鲁迅先生讲：我的确时时解剖别人，然而更多的是更无情面地解剖我自己。高标挺然，大道之行……

学无止境。看来，今夜要无眠啊。

21.1　对抗辩论

2015-6-2　上午　晴

能想象一群市长、厅长、司长同室操戈、唇枪舌剑吗？

画面太美，不忍直视。

上午，当那硝烟起，当那战鼓擂，当那精彩纷呈，当那兵戈抢攘，当那“马作的卢飞快，弓如霹雳弦惊”，当那“饮马渡秋水，水寒风似刀”……我伙呆！

在我全部的经验和识见里，这样高层次、高水平、高强度对抗的辩论，还是第一次。

这里是主题辩论的现场。这里是8号教室。这里只竞演智慧。辩论赛主席张晔首先公布了辩论赛的流程、规则，由四个小组长分别计时。

辩论赛共两场，第一场由一、二组对垒，第二场由三、四组决一雌雄。

第一场开始了。辩题为：做好群众工作，首先是提高党员干部宗旨意识和能力；做好群众工作，首先是建立相关制度体系。按抽签结果，二组为正方，一组是反方。正方出场的是徐春芳、蔡静峰、黄玲、郝向宏，反方上阵的为杨鲁峰、刘岱、关威、曾峻。

正方一辩徐春芳开宗明义：我方观点是做好群众工作，首先是提高党员干部宗旨意识和能力。思想决定行为，战斗年代如是，和平建设时期也如是……

反方一辩杨鲁峰也不甘示弱：制度，只有制度才具有长期性、稳定性、根本性……

正方黄玲回击：制度是从石头缝里蹦出来的吗？还不是靠人的思想来制定！

反方刘岱幽默作答：首要不首要，关键看疗效。八项规定好不好？这就是制度的力量。

正方黄玲再出击：制度能告诉你到村里怎么和群众喝杯水、说说话、不让狗咬你吗？但宗旨意识可以！

……

针锋相对，各不相让。其间，杨鲁峰、徐春芳还同时站起，抢麦克风。哈哈。

首场辩论结束，休息15分钟。此时，意外发生了——磨盾之暇，本应偃武息戈、马放南山，但双方意犹未尽，居然将战火烧到了室外。于是

乎，走廊上，双方再度厮杀，电闪雷鸣，连未参赛的学员都掺和进去了。太认真太投入了吧？此时的舌战能加分吗？兄弟！

主席宣布结果：反方一组胜！一组欢呼雀跃，掌声雷动。

第二场辩论马上开始。辩题是"为群众谋福利，首要任务是促进经济发展；为群众谋福利，首要任务是实现成果共享"。按抽签结果，三组为正方，本组（四组）是反方。正方出场的是高伟、丁以绣、周龙、张华清，本组上阵的为徐勇、多吉、张凯、刘岩。

喜出望外的是，此时，陈燕楠常务副院长也悄悄进场观战。

正方一辩高伟一上来就三个关键词：群众、谋、首要。来势汹汹啊。

反方一辩徐勇镇定自若：从社会主义的本质，到制度环境的营造，再到"四个全面"的战略布局，都告诉我们首要任务是实现成果共享。

正方周龙正面冲锋：先把蛋糕做大，才能分好。

反方张凯见招拆招：如果不能分好，谁来做蛋糕？

正方张华清旁征博引：以希腊为例……

反方多吉绝地反击：你是为中国辩还是为希腊辩？

此时，大家想起了毛泽东那著名的批判"言必称希腊"。会心一笑，

哗哗哗，掌声！

双方你来我往，或阵马风樯，或硬语盘空，或汪洋自恣，或机锋凛凛，或摧锋于正锐，或挽澜于极危……一个字：好！两个字：很好！三个字：非常好！

投票结果：反方（本组）胜。

其实，每个组都是赢家——塔吉克族谚语说：“草要经过牛的反复消化，才能变成牛奶；书要经过人的反复思考，才能变成知识。”无疑，经过辩论，大家的思考都深了一层。

21.2　东方魔力

2015-6-2　下午　晴

巴巴拉·塔奇曼曾在《史迪威与美国在华经验（1911—1945）》一书中写道：几位记者从延安回来，向蒋夫人赞扬共产党人廉洁奉公、富于理想和献身精神。宋美龄感触良深，默默地凝视长江几分钟后转回身，说出了她毕生最悲伤的一句话：如果你们讲的有关他们的话是真的，那我只能说他们还没有尝到权力的真正滋味。

那的确是真的——“党的负责干部住在寒冷的窑洞，吃着简单的饭食，凭借微弱的灯光，长时间的工作。那里没有讲究的陈设，很少物质享受，但是住着头脑敏锐、思想深刻和具有世界眼光的人。”

那宋美龄的感慨是不是也令我们警醒呢——“尝到权力的真正滋味”的共产党人，能否永葆革命本色，继续“革命理想高于天”呢？

宋炜教授今天讲《延安精神及其时代价值》，与我们一起寻找“钥匙”。我们走进延安，延安也从历史的深处向我们走来。正所谓：只有正确认识历史，才能客观理解当下，才能理性观照未来。

宋炜教授的讲课分为三个部分：

一、延安精神形成的基础与条件

在一个国家和民族的发展道路上，总会迸发出一些影响深远的精神力量，成为这个国家和民族的集体记忆，并成为激励这个国家和民族继续前行的一种强大的精神动力。延安精神就是这样一个集体记忆，这样一种精神动力。周恩来曾动情地说道：“是延安人民用小米哺育了我们，没有延安，就没有新中国。”

延安精神是以中国共产党为核心的中华民族优秀分子，在延安时期为争取民族独立和人民解放事业的伟大斗争实践中，在极其艰苦的环境下，培养、形成和发展起来的理想追求、精神风貌、思想品德、工作作风的精华与结晶。延安精神是民族精神的升华，是革命精神的传承，是时代精神的体现。

有记载说，1947年8月8日，蒋介石在枣园看了毛泽东住过的窑洞，门窗是没有油漆过的陈旧的木头做的，窑洞内墙面剥落，靠窗的那张榆木桌的桌面坑洼不平，简陋的床也是榆木钉起来的。窑洞外面的院子里有棵树，树下有个石凳，还有架纺线的纺车。此时，面对破败的延安小城和这些近乎原始的窑洞，蒋介石感到十分震惊，当天就离开了这个让他心绪不宁的地方。

延安行前后，蒋介石在公开场合多次说过：我觉得我们本党和共产党的斗争不但技术不够，就是精神也差得太远，老实说，古今中外任何革命党都没有我们今天这样颓唐和腐败，这样的党早就应该被消灭被淘汰了。

蒋介石1949年6月8日在日记中细数共产党七大优点：一、组织严密；二、纪律严厉；三、精神紧张；四、手段彻底；五、军政公开；六、办事方法：调查、立案、报告、审查、批准、执行、工作检讨；七、组织内容：干部领导，由下而上，纵横联系，互相节制，纠察彻底，审判迅速，执行纪律……并将“干部不准有私产”作为特别标注。

1936年7月，美国记者埃德加·斯诺到陕北采访后，从中发现了一种伟大的力量。他把这种力量称之为“东方魔力”，并断言这种力量就是“兴国之光”。

的确，延安窑洞有马列主义：《毛泽东选集》1至4卷总篇数159篇，延安写作112篇；《毛泽东文集》共8卷总篇数802篇，延安写作385篇；《毛泽东书信》总篇数372篇，延安写作142篇；《毛泽东军事文集》共6卷总篇数1628篇，延安写作938篇。

二、延安精神的科学内涵

主要包括四个方面：坚定正确的政治方向是延安精神的灵魂；解放思想实事求是的思想路线是延安精神的精髓；全心全意为人民服务的根本宗旨是延安精神的核心；自力更生、艰苦奋斗的创业精神是延安精神的重要特征。

在这一部分，我记住了几个小细节：

1940年5月31日至6月7日，著名侨领陈嘉庚访问延安 ，毛泽东仅以白菜、咸饭相待，外配一味鸡汤。毛泽东抱歉地说：我薪俸有限，没钱买鸡，这只鸡是邻居老大娘知我有远客，送给我的。陈嘉庚感言：“假如更多的人像中国共产党这样克勤克俭，兴利除弊， 一心为人民的利益而奋斗，我们中华民族一定会成为世界第一强国”、“得天下者，共产党也”。

1942年3月19日，在讨论党内外关系时，毛泽东说：我党没有人民，便等于鱼没有水，便没有生存的必要条件。

陈云后来回忆说：在延安的时候，我曾经仔细研究过毛泽东起草的文件、电报。当我读了毛泽东起草的全部文件、电报之后，感到里面贯穿着一个基本指导思想，就是实事求是。那么，怎样才能做到实事求是？当时我的体会就是十五个字：不唯上、不唯书、只唯实，交换、比较、反复。

黄炎培在《延安归来》中写道：就我所看到的，只觉得一切设施都切合实际，而绝对不唱高调，求理论上好听好看。他还在宴会上直言：延安就我所看到的，没有一寸土地是荒着的，也没有一个人好像在闲荡。有一位朋友告诉我，政府对于每个老百姓的生命和生活好像都负责……

1941年5月1日颁发的《施政纲领》第八条规定：“厉行廉洁政治，严惩公务人员之贪污行为，禁止任何公务人员假公济私之行为，共产党员有犯法者从重治罪。同时实行俸以养廉原则，保障一切公务人员及其家属必需的物质生活及充分的文化娱乐生活。”

美国记者斯蒂尔感慨：“在延安的访问中，我体味到共产党常常说的‘为人民服务’，在延安所亲眼见的各种具体事实，我认为这是货真价实的”、“真的，我要是在延安住上十一天，那我一定也将变成一个共产主义者”。约翰·科林也写道：“在延安，我被共产党人为目标奋斗的精神感动，人们在空气中可以嗅到这种气息，他们的衣服破烂不堪，他们的装备缺枪少弹，但他们有为目标奋斗的精神。”

三、在新的历史条件下，大力弘扬延安精神

主要是四个方面：（一）始终坚持崇高的理想和坚定的信念，坚守共产党人的精神追求；（二）始终坚持以人为本、执政为民；（三）始终坚持解放思想、实事求是；（四）始终坚持艰苦奋斗，自觉奉献。

……

习近平曾经说过：每到井冈山、延安、西柏坡等革命圣地，都是一种精神上、思想上的洗礼。每来一次，都能受到一次党的性质和宗旨的生动教育，就更加坚定了我们的公仆意识和为民情怀。历史是最好的教科书。对我们共产党人来说，中国革命历史是最好的营养剂。多重温这些伟大历史，心中就会增加很多正能量。

再过十来天，就要离开延安了。那么，我们带走的是什么呢？是一脑袋名词、术语，还是“内化于心，外化于形”的延安精神？这是对每个学员的真正考验。最大的危险是纸上谈兵、无所行动，换言之，没有任何东西比人的行动更靠谱、更重要、更有力量。

21.3 小感动

2015-6-2 晚 晴

傍晚，回房间。

发现一张便条——您好：您的衣服里有贰佰叁拾玖元伍角，给您放在

床头柜上面。落款：洗衣房。

心头一热。

这样的小感动，无处不在。比如，在校内随便走走，朝耕暮耘的园艺工人会向你问好，三三两两的路人会向你微笑，宿管员会追过来给你送伞，保安员会热情帮你拍照……你会讶异，会温暖，会柔和。你会想起冯牧的《延河边上的黄昏》：

我在延河边走过来，走过去，
我向人们用微笑表达我的心意，
我想向每一个遇到的人打招呼，
不论是我认识的，还是不认识的……

你也许还会想起聂志超的《延安参观后的我见》（1946年6月）：不论公务人员、学生与军民人等，绝不像大后方一般人士的愁眉锁眼，叫苦连天，闹着经济困难，也不像另一部分人贪污腐化、狂嫖乱赌，日趋没落的现象，而都是欢天喜地，刻苦朴素，为着和平民主，为着建设边区，为着解放全国的人民，为着将来人类的幸福，有组织、有计划，实事求是地紧张地工作着；同时延市及边区更见不到盗匪、乞丐，这一种安定丰衣足食的社会，刻苦蓬勃欣欣向荣的现象，正是走向新的道路新的社会的一种新生气象。

哦，对了，你大概还会想起爱泼斯坦1944年参加陕甘宁边区一次联席会议后的所感：这里产生了一种别处见不到的全新的中国人——正直、不怕当权者、随时准备接受批评和新思想、不顾讲客气和“面子”的老规矩、为了对自己和公众有利的事不能容忍一切阻碍。

在这样的“理想国”中，很多同学诗兴大发，徐春芳写，刘岱写，高原写，钱江写……你看，还有十日，徐春芳已《伤别离》：回眸再看身后，鸟鸣蝉吟将息。此一别，四海五湖，相隔千山难再聚。怅忧思，希别后，存风发意气。明朝相聚共寻，黄土地，月朗星稀……钱江也思潮翻滚，起而作《致宝塔》：不见黄土见青山，孟夏延水人影残。两岸星火锁不住，北眺丛岭出平川。

对集体的事，大家也格外上心。今晚乒乓球赛，虽然只有16人参赛，但全班都来助威了，希望能选出好苗子，跟甘肃省中青班来日一决高下。本组四人挥拍上阵，成绩出人望外，积五分，全班第二。特别是贺少琨稳扎稳打，进入决赛，多吉则贯颐备戟，疾如旋踵……最后，二组的郝向宏搴旗取将，褒然冠首。

美国女作家雷切尔·卡森说过：我们必须与其他生命共同分享我们的地球。但现实生活中，又有多少人愿意打开心灵的窗户？篱笆墙的影子总是那么长……我们组，分享则是一种常态，“如果快乐不能与人分享，这不算是真正的快乐了”。今晚，王军就把他在广西田东县如何化解基层矛盾的一个经典案例与大家分享，同学们很受启发，“书斋的高谈阔论与田间的现实问题还是有距离”、“不能迷信本本，还是要问计于民、问需于民”。难怪蒲松龄说：天下快意之事莫若友，快友之事莫若谈。

分享完，已深夜。回房，又见桌上客房部的“温馨提示”：为了不打扰您的休息时间（明天休息），如有洗衣服务或需清洁房间，请于10：00之前拨打客服电话6802，我们将及时为您服务。这就是细节！“奥秘全在细微处”，细节，很多时候比艺术更富有感染力。

真有“浮云游子意，落日故人情”的感觉了。

22.1 读书·厅级大厨

2015-6-3 下午 雨

雨还真大了起来。

先是丝雨如烟，继而雨泽下注。这样的天气，来延安后，还是第一次遇到。院中的垂柳，这下可找到了机会，瞬间“摇曳惹风吹，临堤软胜丝”……

学院正好安排休息，读书好时光啊。昨天，宋炜教授在课堂上提到了一组数字：抗日战争时期，党领导的抗日武装对敌作战12.5万次，消灭日、伪军171.2万人，其中日军52.7万人；同时，八路军伤亡34万多人，新四军将士牺牲8万多人，付出了重大牺牲。为了找更多的印证，今天便取《党中央在延安13年》、《延安曾经是天堂》等书来读。

这组数字，《党中央在延安13年》一书有明确记载。我们完全可以坚信，党领导的抗日武装对敌作战是使日军“深陷泥潭里的浴血战争”、让日寇“每日面对不可测的恐怖”。书中还提到，陈云说：过去我认为毛泽东只是军事上很行，因为遵义会议后红军的行动方针是他出的主意。毛泽东写出《论持久战》后，我便了解他在政治上也是很行的，实际上毛泽东政治、军事都很好。

美国记者福尔曼1944年参访延安后，曾直抒胸臆：“过去有人告诉我们说，八路军不打仗，没有伤兵，没有俘虏，人们害怕八路军，恨八路军。今天这些谣言已被事实揭穿了。我们看到了八路军在英勇作战，人民热爱八路军。”爱泼斯坦在一次欢迎会上也公开讲：“我们在陕甘宁边区、晋绥边区住了几个月，看到了敌后的军队与人民在怎样艰苦英勇地工作与战斗，怎样牺牲自己的生命，为自己的祖国，为世界人类和平而斗争。”美国记者斯特朗实地采访后，总结认为：“（共产党领导的）军队同人民紧密相连，发挥着人民战争的作用。”《时代》周刊记者白修德的回忆更耐人寻味：自己一次跟随国民党军队行动，为了得到百姓的帮助，国民党军队谎称是八路军……

延安，1942年全面整风前，知识分子称它为天堂——烽火连天中相对安宁的环境，供给制度下相对温饱的生活，普遍清贫的物质世界里比较开放、自由、宽容的精神活动……1942年全面整风后，农民群众歌颂它为天堂——轻徭薄赋，扫除文盲，劳动光荣……《延安曾经是天堂》一书对此作了翔实的描绘。如引用资料说：我们住的窑洞的门，都是没有锁的，只有一个铁丝钩钩在里头。据说根本不用锁，只是怕夜里有狼进屋才钩住点……人们外出时根本就用不着锁门，路上丢了东西也会有人送回来给你。这样的“路不拾遗，夜不闭户”，令人神往啊。1941年4月，并未到过延安的海明威，仅仅听了周恩来的介绍就立即给美国政府写报告，预言“中共将接管中国”。

在书中，我看到了这样的亲如一家。1938年11月，毛泽东到抗大作形势报告。大家听得入神，不觉已黄昏。毛泽东停顿下来，看看天色，“今天就讲到这里”。学员们不愿意，齐声高呼：“再讲一段！”毛泽东微笑着，就又讲了一段。1939年秋，蓝家坪山下延河边的马列学院操场上，放映电影《列宁在十月》。这是俄国原版电影拷贝，很多人都听不懂。这时，有人喊：“请恩来同志给我们翻译！”周围顿时一片应和。人群中很快站起了周恩来的身影，用简洁的语言，为大家做整场电影的同声翻译。试想，对现在的干部，群众敢提这样“过分”的要求吗？那延安时期又为什么可以？

五号公寓

延安还特别善待外来务工者。早在1940年，边区政府就颁布了《优待外来难民和贫民之决定》。1942年又出新政策，强调对新移民“实行三年免收救国公粮，并减轻其义务劳动”；帮助解决食宿窑洞、种子、农具、口粮、柴火等日常生计问题；“移民站发给移民之路费、补贴费，由边区政府支出”。这些，都像一个个杠杆，撬开了边区生产的新一页。现在我们一些发达地区，居然还挂出歧视外来工的横幅，一对比，真是倒退，该内疚神明、反躬自责吧？

平时，经常听到关于中医的争论，聚讼纷纭，莫衷一是。一个大医院的院长直接告诉我“中医是伪科学”，有些著名的学者也公开宣扬“中医无用论”。这次，我倒看到了一段史实，有助于渊思寂虑。1941年初，毛泽东患肩周炎，当时西医只能起到舒缓疼痛的作用，无法根治。到夏初时

节，病情更加严重，提笔写字，吃饭夹菜都困难。1943年，李鼎铭为毛泽东把脉诊断后，开出四剂中药，很有把握地说："吃了第一服药，能让你胳膊抬起来，第二服药叫你胳膊能转动，第三服药胳膊就自由了，第四服药就能让你爬单杠了。"一试，果然灵验，很快痊愈了。由此，毛泽东开始赞同李鼎铭的意见：中西医一定要结合起来。

延安时期，有"五老"精神——徐特立："革命第一，工作第一，他人第一"；林伯渠："为人民服务，为世界工作"；董必武："甘为民仆耻为官"；谢觉哉："上为党政分忧，下为群众解愁"；吴玉章："人民的儿子"。这"五老"，真是瑰意琦行，高山仰止啊。一位老延安也回忆说：延安时期那么淳朴，那么美好的生活气氛，就是由于大家抱着一个遥远的崇高的理想，要创造一个新的美妙的生活，新的中国与世界。

过去，从事生产劳动，没有社会地位，陕北方言称其为"下苦的"。为了形成劳动光荣的新观念，边区开展了大生产运动、争创劳模运动，让"下苦种地也能中状元"。1942年，劳动英雄不断涌现，工厂中发现了赵占魁，农村中发现了吴满有，军队中发现了李位，机关中发现了黄立德，合作社中发现了刘建章。政府把他们当作典型，在群众里宣传推广，组织群众生产运动，收到很好效果。

无巧不成书。今晚，本班学员也开展了大生产——自己动手包饺子。据可靠消息，这是学员们主动申请的，领衔发起人是张晔，主要是希望体验劳动的快乐。

没想到，“厅级大厨”还真不少，有二十多位学员上场呢。周龙揉面，刘岩擀皮儿，徐勇、周武光拌馅儿，杨鲁峰、张晔、黄玲、徐春芳等二十来个同学加入“包饺大军”……个个一丝不苟，有模有样，赛厨神啊。尤其是徐勇、高桂鸿，铮铮佼佼，神乎其技。我也跃跃欲试，上阵包了几个，怎奈皮儿大馅儿少，实在拖后腿，只好让位。

食材原本是极普通的，猪肉、大葱、胡萝卜而已，但因为大家躬体力行，饺子变得格外好吃起来，甚至像美食家描述的“有了灵魂和香气”。嘿，这顿饺子，真香，还是自己动手好！

23.1 弘扬整风精神

2015-6-4 上午 晴

一个民族一个党，如果没有批评和自省、自我检讨的精神，则不能保持清醒，就没有前进的动力。列宁就指出：一个政党对自己的错误所抱的态度，就是衡量这个政党是否郑重，是否真正履行它对本阶级和劳动群众所负义务的一个最主要和最可靠的尺度。

知易行难。坦白说，当这样三个案例交集在一起，芥子须弥，见微知萌，我还是被深深震撼了——

一个是延安整风运动中，张闻天在1941年的“九月会议”上发言：我个人的主观主义、教条主义极严重，理论与实际脱节。反对主观主义，要作彻底的清算，不要掩盖，不要怕揭发自己的错误，不要怕自己的瘌痢头给人家看。

一个是毛泽东对运动中出现的偏差是不满意的。他曾在一份材料上明确批示：一个不杀，大部不抓。他还对整风扩大化的错误主动承担了责任，曾三次向蒙受冤屈的同志赔不是。第一次是1944年5月，第二次是1944年10月，第三次是1945年2月，准备召开七大时。例如，1944年5月，他在中央党校道歉说：我给大家敬个礼，如果你们不表示态度，我的手就不放下来。

一个是小平同志说：“延安整风在思想一致的基础上，把全党团结起来。没有那次整风，打败日本侵略者，打败蒋介石，是不可能的。”

这该是一次多么深刻触及心灵、影响历史进程的整风啊。上午，陈国清教授讲《弘扬整风精神　加强作风建设》，为我们披沙拣金，指破谜团。

陈教授的讲课脉络清晰，分为五个部分：一、为什么要进行延安整风？二、延安整风整什么风？三、怎样进行整风？四、延安整风的效果如何？五、借鉴历史经验搞好党风建设。

一、为什么要进行延安整风

从党的历史发展来看，党积累了丰富的经验，也犯过一些错误，在当时彻底清算王明路线，把人们从“左”倾教条主义的束缚下解放出来，就成为刻不容缓的任务；从党的现状来看，一些老干部、老党员一直忙于革命斗争实践，文化水平和理论素养无法得到提升，对党的历史经验教训缺乏深入的、正确的认识，新干部、新党员虽然有可爱的革命积极性，并愿意接受马克思主义教育，但是他们中的许多人还带有着非无产阶级思想，不清楚无产阶级思想与非无产阶级思想的严格区别，缺乏一定的党性修养和识别马克思主义与非马克思主义的能力；从党所处的客观环境来看，为了战胜困难、迎接大发展局面的到来，为了彻底肃清党内残留的主观主义错误和影响，为了破除对共产国际指示和苏联经验的神圣化，促进“中国共产党更加民族化”，必须要整风。

当时，整风条件已具：第一，有了以毛泽东同志为首的党中央的正确的坚强的领导，以毛泽东同志为代表的马克思列宁主义路线在全党取得了统治地位。第二，有了党的高级干部的觉悟。第三，有了一个相对稳定的环境。

二、延安整风整什么风

毛泽东明确提出：“一定要整顿三风，来一个彻底的思想改变。”

1. 反对主观主义以整顿学风是延安整风的第一任务。主观主义学风及其主要表现有两种：即教条主义和经验主义。

教条主义和经验主义的共同特点是：都是从主观幻想出发而不是从客观实际出发，是片面、孤立地看问题、办事情，把片面的相对的真理夸大为普遍的绝对的真理。二者的不同点是：教条主义者轻视实践、脱离实践，把活生生的马克思列宁主义变成了僵死的教条和公式，把别国经验神圣化、绝对化，到处引经据典，断章取义，根本不去考虑发展变化着的客观实际情况；经验主义者恰恰相反，他们轻视理论，忽视理论对实践的指导作用，自以为是，醉心于狭隘的无原则的所谓实际主义和无头脑无前途的事务主义，把局部经验到处搬用，以一知半解来代替真知全解。

2. 反对宗派主义以整顿党风是整风运动的另一个重要任务。宗派主义表现主要有两种：典型的个人主义，典型的本位主义。

中共中央和毛泽东决心对党内的宗派主义思想进行彻底整顿，提出了加强全党和党同全国人民团结的基本原则，规定了正确处理党内各种关系和党与党外人员关系的基本原则。归纳起来有四点：

一是强调全党要认真实行民主集中制。党内要执行个人服从组织，少数服从多数，下级服从上级，全党服从中央的纪律。

二是强调要提倡顾全大局的原则。必须将各种不统一的现象完全除去。要求每一个党员，每一种局部工作，每一项言论或行动，都必须以全党利益为出发点。

三是强调老老实实办事的原则。“在世界上要办成几件事，没有老实的态度是根本不行的”。

四是强调“对于一切愿意同我们合作以及可能同我们合作的人，我们只有同他们合作的义务，绝无排斥他们的权力”。

3. 反对党八股以整顿文风是整风运动的第三个重要任务。党八股是主观主义和宗派主义的宣传工具和表现形式。

毛泽东把党八股的危害概括为八条：空话连篇，言之无物；装腔作势，借以吓人；无的放矢，不看对象；语言无味，像个瘪三；甲乙丙丁，开中药铺；不负责任，到处害人；流毒全党，妨害革命；传播出去，祸国殃民。

如何克服党八股呢？总的方法是要权拉马克思主义的科学思想方法，学会用马克思主义的方法去观察问题、提出问题、分析问题。具体来讲：一是进行有效的说服教育工作（不能采取“残酷斗争、无情打击”的手段），晓之以理，动之以情，批评与自我批评相结合；二是树立正确的宣传工作意识和作风，摒弃党八股在宣传工作上的空虚本性。毛泽东要求：“空洞抽象的调头必须少唱，教条主义必须休息，而代之以新鲜活泼的、为中国老百姓所喜闻乐见的中国作风和中国气派。”

三、怎样整风

延安整风分为三个阶段：1. 高级领导干部整风学习阶段（1941年5月至1942年2月）。2. 普遍整风阶段（1942年2月至1943年10月）。3. 总结党的历史经验阶段（1943年10月至1945年4月）。

延安整风运动的方针是：惩前毖后、治病救人，后来把这一方针概括为团结—批评—团结的公式。根本出发点是：“坚决相信群众的大多数”，允许犯错误的同志继续革命。

四、延安整风的效果如何

延安整风的历史功绩：1. 空前地提高了全党的马克思主义理论水平；2. 基本弄清了党的历史问题的路线是非，使全党对过去的发展历程有了比较准确的认识；3. 加快了马克思主义中国化、时代化、大众化的步伐；4. 促进了毛泽东思想成为全党的指导思想；5. 对于中共建设成为马克思主义政党起了决定性的作用。李维汉说：“经过延安整风，我的世界观得到根本性的转变。”连蒋介石也在1947年国民党六届四中全会上坦承："现在共匪力量增强，其力量大半是由他这个整风运动而发生的。"

在延安整风伟大实践中形成的整风精神，就是解放思想、实事求是的精神；就是认真开展批评和自我批评的精神；就是坚持真理、修正错误的精神；就是相信群众、依靠群众的精神。整风精神是延安精神的重要原生形态和重要内容。

五、借鉴历史经验搞好党的作风建设

习近平总书记指出：作风问题关系党的生死存亡。一个人不论活到多大岁数，最宝贵的是历经沧桑仍怀有赤子之心。同样，我们党成立90多年了，执政60多年了，最宝贵的是要永葆青春、永葆生机活力。这就要不断改进作风，不断改革创新，保持党的先进性和纯洁性。

习近平总书记说，要倡导开展积极的善意的实事求是的批评和自我批评，大家坦诚相待、如切如磋、如琢如磨，总结经验教训，交流思想认识，达到帮助同志、增进团结、做好工作的目的。

为什么要以整风精神来抓？习近平总书记贯微动密，直指要害：因为党内脱离群众的种种问题特别是"四风"问题都是顽症，要真正解决问题，就要有抛开面子、揭短亮丑的勇气，有动真碰硬、敢于交锋的精神，有深挖根源、触动灵魂的态度。现在，批评和自我批评这个"利器"在很多地方变成了"钝器"，锈迹斑斑，对问题触及不到、触及不深，就像鸡毛掸子打屁股不痛不痒，有的甚至把自我批评变成了自我表扬，相互批评变成了相互吹捧。

……

以学愈愚。无论是延安整的那些风，还是当下刹的那些风，至今还时不时冒一下，作浪兴风。在我身上，也不同程度地存在着。比如党八股，自己就时常"掉书袋"，拿西方的"名人说"来撑门面，以掩饰思想的贫乏。就是语言，有时也干巴巴，面目可憎。实在难以擘两分星，或言不逮意，就索性以“……”代之。表情达意，不是以内在逻辑本末相顺，不露斤斧，而是断鹤继凫，拘挛补衲，甚至简单以“！”、“？”来披挂上阵。比如批评与自我批评，明知“弹射利病”，但“犯颜极谏”的勇气缺失，明知自己错了，但又有几多朝闻夕改、革心易行？

写到这儿，脸红了。好吧，以后为文要尽量行流散徙，浑然天成。自己错的，必须改过不吝。加油吧——人生来是为行动的，无行动则呼吸无意义。

23.2 转型之间

2015-6-4 晚 晴

挣扎了许久，还是没好意思引用路遥的名言。

那是我中学时经常背诵的—— 一个中学生要养成每天看报的习惯，这样

才能开阔眼界；一个有文化的人不知道国家和世界发生了些什么事情，这是可悲的！我习惯引用的还有另一句：要知道，春天的道路依然充满泥泞！

我怕大家一时不解，会笑场，毕竟这是在学员论坛上，高大上。

今天的学员论坛，多亏丁以绣张罗。他老早就和宣传系统的学员们商量：咱们集中搞个文化新闻出版界专场吧，整体亮相，并威偶势，秤砣虽小压千斤啊，否则各自为战，各重一隅，小、散、弱、专，同学们可能没兴趣。心有戚戚焉，一致通过。

不敢怠慢。“工欲善其事，必先利其器。”这几天，我们六个同行丁是丁，卯是卯，兢兢业业准备。有人笑我是“狮象搏兔，皆用全力”，我也照单全收——还是保险点，可不能丢脸。

上台，开讲。杜贤大谈卫生出版，大开大合，搅海翻江；郝向宏直面网络战争，引经据古，意出象外；陈一奇畅言电影市场，批风抹月，齿颊生香；丁以绣纵论导向管理，炳若观火，言之谆谆；高原聚焦人社教材，言必有据，量凿正枘……行啊，同行兄弟们。

我担心自己钝口拙腮，或者张口忘词，还是老老实实做了PPT。我讲的主题是《在融合发展的大道上——以羊城晚报报业集团的实践为例》。

我讲起了羊晚的光辉历史——毛主席说“我看羊城晚报”，周总理说“羊城晚报可以出口”，习仲勋题词“努力把羊城晚报办成人民喜爱的独具特色的新型报纸”，任仲夷讲“君子不立危墙之下”，还有羊晚人代代相传的“窝棚精神”……

我讲起了羊城晚报孜孜无怠的现在——全力打造现代传媒集团。以传媒树品牌，打造立体传播平台；以园区聚要素，打造创新驱动平台；以产业促融合，打造多元发展平台。

我讲起了东风东733号大院招租的九转功成，南沙战略合作的累足成步，艺术研究院创办的隙穴之窥……讲起南沙签约前我发的那条微信：出发前，关上门，听音乐，一个多小时。那是李健的声音：当你老了/走不动了/炉火旁取暖/回忆青春……我想，那回忆必有今日之南沙新局，必有媒体人转型之困、之挫、之思、之学、之奔竞图强、之大道通途。

我说，讲这些，主要是表明两点判断：一、纸可能会死，报将永远存在，因为人类对信息的需求不会停歇。只是此报非彼报，形态可能超出你想象。它可能是薄如蝉翼的屏，也可能是小若指甲的壳，可能状如耳机，也可能形似眼镜……不一而足。二、面对互联网的强劲冲击，传统报业虽未措置裕如，但都在苦苦探索，脱茧成蝶。到目前为止，传统党报依然是党最忠诚的队伍，依然是主阵地，依然发挥着“耳目喉舌”这样极端重要的作用。

路遥的那句名言本来很好，很想引用。只是担心产生歧义，纠结之下，还是算了。倒是来了句实实在在的邀请，把大家都逗笑了——羊晚集团以最好喝的咖啡、最好吃的牛肉面、最好听的音乐，期待大家的光临。

说实在话，讲坛，不是炫耀的舞台，而是自省的阶梯。逼着自己思考，逼着自己补课，逼着自己策驽砺钝，逼着自己人一己百……

傍晚散步，余敏、黄玲、高桂鸿就向我抛出了一连串的“转型之问”，有些已有成熟思考，还能回应，有些真是“老师傅遇到新问题”，答不上来。惭愧啊。好在，此时发现了转移话题的目标——入校时青涩的杏儿，已争先恐后地黄了，有的还抹着一小片儿红晕，或者透着淡淡的香气儿，远远一望，舌下生津……

晚上，汤立斌敲门。谈了两个小时。他对社会转型有深入的思考，拔新领异，自出胸臆，给了我不少启发。他告辞，媒体转型的问号又挂在了我的脑海里。睡还是不睡，这是个问题。

24.1 跨组研讨

2015-6-5 晴

早餐，看长江沉船消息，整个人都不好了。

上午，反腐倡廉音像教学。六个典型案例，看后发人深省。说到底，这些人起初都矜能负才，囊锥露颖，甚至头角峥嵘，后来都忘了自己是谁，在贪欲的路上越滑越远……当他们锒铛入狱，才知道“自由之于人类，就像亮光之于眼睛，空气之于肺腑，爱情之于心灵”，才明白“为了享有自由，我们必须控制自己”。如果要给他们画张集体像，大概有这样几个特征：眼睛红，尾巴翘，心里面长着毛，左手牵老板，右手搂着乌纱帽……

中午，看到一条微信：《感谢你无数次游过那么悲伤的水域》。嗯，好标题，温暖，像一把神奇的钥匙，打开了人们最朴素的情感通道。其实，无论是什么媒体，先用“真实、善意、重要”三把筛子滤一下，再播布，就会发现，新闻是有生命和温度的。

下午是跨组研讨。所谓跨组，就是把原先的四个组打乱，重新组合，以产生更多的碰撞、更新奇的交流。我被分在二组，再看名单，嗬，原来四个小组的人都被掺进来了。

研讨的主题是：结合习近平总书记讲话精神，围绕如何践行“三严三实”、永葆优良作风进行交流。牛安生教授也来和大家一起探讨，此前他的课颇受欢迎。

桐城市委书记胡红兵，谈了王岐山去年11月15日突访桐城“六尺巷”的来龙去脉。“六尺巷”是一条鹅卵石铺就的全长180米、宽2米的巷道，走完全程也不过四五分钟。据史料记载：清代大学士桐城人张英（清代名臣张廷玉的父亲）的老家人与邻居吴家争宅基地，谁也不肯相让。双方将官司打到县衙，因双方都是名门望族，县官也不敢轻易了断。于是张家人传书到京城求助。张英回信老家：“一纸书来只为墙，让他三尺又何妨。长城万里今犹在，不见当年秦始皇。”家人得书，遂撤让三尺，吴氏感其义，亦退让三尺，故六尺巷遂以为名焉。六尺巷带来的是触及灵魂的人生思索。试想：国家那么大、人口那么多，如果仅仅依靠法律治理，都退到了底线，好吗？必须汲取德治礼序、崇德重礼的文化精华，必须“让法治与德治相得益彰”，必须“解决人的思想问题”。

曾峻认为，几种情况容易出问题，要引起警惕：年龄到站，精神松懈，攀比失衡，交友不慎，玩物丧志，家教不严……“现在很多人犯事是

因为小孩，亲情关最容易失守，坑爹啊！”

张华清讲了两点：一、做人要本本分分，但说真话、说老实话太难了，又能听到多少真话？二、一切必须从实际出发，不违背规律，不唯上、不唯书。

王宏伟讲，还是要突出严以用权。现在一些干部擅权、滥权，手伸得太长，想尽办法介入到利益链条中。精神上缺钙，政绩观出问题，动辄要再造一个城市。践行“三严三实”，关键在知行合一。

余敏介绍说，检察机关正在探索公益诉讼，助力解决“为官不为”。如贵州金沙县检察院就把金沙县环保局告上了法庭，原因是该局对拖欠缴纳排污费的企业没有采取有效措施，依法履行处罚职责不到位。

……

天下大事必作于细，古往今来必成于实。从这个角度，我谈了“三个结合”：一、个人首先做人要实，组织上也不要让老实人吃亏。现在太多的“两面人”，老百姓顺口溜说“台上为人民服务，台下被人民服务；台上看着是鲜花，台下一块豆腐渣……”虽然是愤懑之语，也值得警醒。二、个人首先谋事要实，组织上也要给个人谋实事。1941年毛泽东在《陕甘宁边区施政纲领》中专门讲道：实行俸以养廉原则，保障一切公务人员及其家属必需的物质生活及充分的文化娱乐生活。现在的公务员，要在大城市买套房，太难了。组织上要考虑如何让公务员安心、静心、素心。三、个人首先创业要实，组织上也要实实在在支持创业。现在，一些地方“把外商打成内伤，把内伤拖成重伤，甚至宰个精光”，这样的营商环境，怎么推动发展?

我赞成汤立斌的发言，具体落实“三严三实”教育，还是要多从自身找原因，从自身做起，“位我上者，灿烂星空；道德律令，在我心中”。否则，对别人马列主义，对自己自由主义，天天拿显微镜去检查别人，从不拿放大镜看看自己，这样永远修不了身、律不了己。

大作家安德烈·马尔罗说：一个人只有在他努力使自己升华时，才成为真正的人。大思想家傅玄讲：德比于上，欲比于下。德比于上则知耻，欲比于下则知足。一代名相张廷玉曰：居高位者易骄，处佚乐者易侈。在“三严三实”教育中，这三句话应该被频繁提起、铭刻于心。

25.1 “窑洞对”

2015-6-6 上午 晴

学历史的人恐怕都知道“窑洞对”。

那是1945年7月初，民主人士黄炎培在延安与毛泽东交谈时说：我生六十多年，耳闻的不说，所亲眼看到的，真所谓“其兴也勃焉”，“其亡也忽焉”，一部历史，“政怠宦成”的也有，“人亡政息”的也有，“求荣取辱”的也有，总之没有能跳出这周期率。毛泽东回答：“我们已经找到新路，我们能跳出这周期率。这条新路，就是民主。只有让人民来监督政府，政府才不敢松懈。只有人人起来负责，才不会人亡政息。”

那么，怎么认识历史周期率呢？党在探索跳出历史周期率问题上有哪些经验教训呢？中国共产党能否跳出历史周期率？又如何跳出历史周期率呢？今天上午，是案例教学，在11位学员就“窑洞对”发表了各自观点后，杨忠虎教授进行了深刻剖析。其评点辞简理博，洞隐烛微，令人心悦诚服。

杨教授开宗明义：历史周期率不是历史发展的必然规律。规律是不能违背、无法跳出的，而黄炎培讲的是“周期率”。概率是经验性的概括，具有或然性；规律是本质性的概括，具有不可抗拒性。历史周期率，只能说是一种规律性现象，它是指历史发展过程中反复出现的统治集团违背社会发展规律，失去民心，丧失政治合法性，导致政权覆没的规律性现象。

那么，历史周期率在哪些条件下发生作用呢？杨教授归纳为五个方面：第一，价值认同危机；第二，制度认同危机；第三，政绩认同危机；第四，利益认同危机；第五，公平认同危机——亚里士多德认为："任何情况下的内乱，不管其目的如何，都源于不平等。"这五个方面，就是藏在历史表象背后的力量，历史周期率是以上认同危机合力作用的结果。

杨教授说，中国共产党一直在探索如何跳出历史周期率。（一）毛泽东的探索：提出了民主、为民、廉洁的总体思路，一要靠他律，二要靠自律；提出了"治国就是治吏"的重要思想。（二）邓小平的探索：一是把解放和发展生产力作为跳出历史周期率的重要途径；二是强调民主建设要制度化、法律化。（三）"三个代表"思想的重大超越：一方面，从党的代表性上寻求广泛认同；另一方面，从政绩认同、价值认同、制度认同等方面，综合回答了党如何获得执政合法性，使我党执政合法性依据的内容清晰起来。（四）科学发展——跳出周期率的新境界：科学发展观把经济、政治、文化、社会发展和以人为本统一起来，从而为破解周期率提供了一个全新的思路。（五）十八大以来，党在探索实践中迈出了新步伐：提出了中国梦的目标，提出了系统价值观，做出"四个全面"的战略布局，掀起了反腐风暴，提出"三严三实"要求……我们党的艰辛探索，为跳出历史周期率奠定了坚实的思想理论基础和实践依据，这使我们完全有理由认为共产党可以打破这个历史怪圈。

中国共产党如何才能跳出历史周期率呢？杨教授讲了五点：第一，坚持理论创新，解决人民的价值认同问题；第二，坚持执政为民，解决人民的利益认同问题——我们党能够执政和长期执政的最大优势就是密切联系群众，执政后党面临的最大危险就是脱离群众；第三，坚持发展兴国，解决人民的政绩认同问题；第四，坚持依法治国，解决人民的制度认同问题；第五，坚持反腐倡廉，解决人民的公平认同问题。

杨教授认为，科学的态度和结论是：第一，要坚定跳出历史周期率的信心；第二，要正视党内存在的问题，历史周期率是一把悬在共产党人头上的“达摩克利斯之剑”；第三，党员干部要担起历史责任，守住自己脚下一块净土。

说到责任，我想起了林肯的讲演：每一个人都应该有这样的信心：人所能负的责任，我必能负；人所不能负的责任，我亦能负。如此，你才能磨炼自己，求得更高的知识而进入更高的境界。

那么，每一个共产党人，是否都应该从担起自己的责任开始呢？能经得起诱惑，担得起责任，才是健全的人格、健康的人生。进而言之，若人人担责，个个奋翼，跳出历史周期率一定不是梦。

25.2 反腐，是民族灵魂救赎行动

2015-6-6 下午 晴

名人来啦。

今天下午，是《党的作风建设与反腐败》专题讲座。主讲人公方彬，知名学者，国防大学教授，博士生导师。代表作有《大思想——中国崛起的瓶颈与突破》、《觉悟中国》、《精神中国》、《价值中国》、《决策中国》。之前，公方彬教授主要为学界所熟知。他率先披露谷俊山案后，一夜间，“天下谁人不识君”。

公方彬教授的讲座，主要分为三个部分：一、对当下反腐的意义与成果的评估；二、深刻认识反腐的深层次问题；三、思路型的对策。

“学者的素养，记者的思维，书者的风格”，这是一位学员的听后感。我觉得，公方彬教授的确殚见洽闻、智周万物，讲授亦庄亦谐，论议风生。可谓讲者畅快，听者过瘾！

公方彬教授直言，反腐是一场民族灵魂的拯救行动。他讲授的主要观点，在刚刚出版的《中国纪检监察报》上刊登了。公方彬教授专门推荐了

该文，特此转录，以准确无误，不差累黍。

反腐，是一场民族灵魂救赎行动

王岐山同志指出，看待腐败问题要有历史、哲学和文化的思考。4月下旬，记者就相关话题与公方彬进行多次交流。

●反腐改善的是官场生态，提升的是官员的生活质感和人文品质，官员的好日子开始了。

●党风影响政风，政风影响民风。反腐传导到社会，将把整个民族带出功利主义的泥潭，实现人文品质的大幅提升。从这个意义上讲，反腐是一场民族灵魂救赎行动。

记者：有人说“反腐让官员的好日子结束了”，而您认为“反腐让官员的好日子开始了”。为什么？

公方彬：我不止一次听人说，反腐让官员的好日子结束了，这是一种价值判断，并且包含深厚的文化成因。如果换一种评价系统，结论相反，反腐让官员的好日子开始了。

在过去很长时间里，由于价值观紊乱，抑或封建思想文化沉渣泛起，致使一批官员模糊甚至异化了当官的本质，又由于公权与私权的边界没有厘清，制度的篱笆没有编好，结果就是“有权就任性”。这些都极大地强化了“官本位”思想，致使腐败蔓延。

“官本位”让官员一方面享受着权力带来的快感，但因为缺少高尚的精神追求，导致精神和物质追求失衡，人生意义和生活质感降低，再加上无限的升官欲望，无度的功利追求如影随形，终于使一些官员迷失。没有了独立人格，缺乏人文修养，只能靠感官刺激麻痹神经。原铁道部贪腐官员张曙光，自我评价“人品太差，做出这样的事情很恶心”。是什么原因让有的官员丧失人性和生活的质感？这是我们必须关注和思考的，更是应当尽快改变的。

记者：从大历史视野来看，党的十八大以来开展的反腐败斗争有什么新的地方？能谈谈理由吗？

公方彬：我坚信，党的十八大以来开展的反腐败斗争一定能够跳出“运动式”、“割韭菜”的“旧圈”，最终实现反腐的胜利。

中国历史上来势凶猛的反腐不止一次。朱元璋反腐，严厉到“扒皮抽筋点天灯”……结果怎样？都不成功。为什么？帝王反腐目的不是让官员“为人民服务”，也不是实现与人民共享利益，而是以维护“家天下”为主要目的，当腐败导致民怨沸腾，不出手便致王朝瓦解，反腐的力度是相当大的，及至政情民情和缓，反腐即消于无形，甚至帝王还要“默许”官员腐败。这就不难理解，为什么中国封建史几乎等同为腐败史。

上述原因传导至全社会，便形成一种特有的民族文化心理和价值系统，就是对腐败的极大容忍乃至强化。即使今天，不少人也没有跳出腐朽思想文化的熏染，痛恨腐败的重要原因是心理失衡：你有机会腐败，我腐败不到。既然痛恨源于失衡，一旦有上台机会，也搞腐败。这是反腐存在“割韭菜”现象的文化和社会成因之一。

党的十八大以来，正风反腐取得了明显成效，党风政风为之一新，党心民心为之一振。认定本轮反腐有其不同凡响的历史地位，能够取得最终胜利，除了共产党性质宗旨内在规定性的原因以外，很重要的一个原因，是以习近平同志为总书记的党中央把全面从严治党作为根本性、基础性的战略举措，锻造坚强领导核心，为协调推进“四个全面”提供方向指引和政治保证。而深入推进反腐败斗争，是全面从严治党的一个重要组成部分。从解决“不敢腐”作起点，落到“不能腐、腐不到”，最终实现“不想腐”。

正是从这个意义上讲，从大历史视野来看，坚信本次反腐能够实现新的突破，实现清廉政治。

记者：您谈到“反腐是一场民族灵魂救赎行动”，这是一个有价值有新意的观点，您能展开谈谈吗？

公方彬：其实，反腐走到当下，我们应深化认识，这场反腐败斗争的意义早就超出反腐本身。

党风影响政风，政风影响民风。反腐传导到社会，将把整个民族带出功利主义的泥潭，实现人文品质的大幅提升。从这个意义上讲，反腐是一场民族灵魂救赎行动。

很长时间以来，有一个现象值得深思：中国几乎很少出现光耀世界的大思想家和文化大师，相反知识界、文化界的不少人被网民调侃为“砖家”、“叫兽”。谈及原因，至少有两点：一是“官本位”把知识阶层引向功利主义而难以自拔，比如，大学中一个处长的位置就足以把教授们搞个神魂颠倒。二是政府一些部门或管理者，对思想文化的创造关心不够，更关注将知识阶层的思想统一起来，加上权力的任性，导致思想和文化创新的空间越来越狭窄。

当反腐推向深入，公权私权必得厘清，权力边界必得明确，官员必然敬畏权力，遵从政治伦理规则。这时，全社会也终将跳出“官本位”的束缚，寻找到各自的价值实现、放飞梦想的新路径，整个民族必出现价值观和文化品质的大提升，智慧与创造力涌现，中华民族伟大复兴定能实现。（记者　周根山）

时雨春风，发人深思啊。“轻者重之端，小者大之源，故堤溃蚁孔，气泄针芒”。每一个共产党员，都应防微杜渐，养一身正气，去半点私心，时刻牢记“贪字近‘贫’，婪字若‘焚’”。只有这样，才能避免“生于草莽，坠落江湖”的悲剧重演，才能减少“卿本佳人，奈何做贼”的徒叹，才能有效防控“不矜细行，终累大德”。同时，也应把制度的篱笆扎紧扎密，防止“牛栏关猫”。制度，必须成为带电的高压线、生威的硬杠杠，不能演变成“纸老虎”、“稻草人”，造成破窗效应。

归根结底，竹以直而美，人以正而尊，党以廉而强。

25.3 心灵地理

2015-6-6 晚 晴

喜悦，总是来得那么突然。今晚，被喜悦包围。

大学同宿舍的李卫中，发来微信，是他写的散文《心灵地理》系列。他在前言中写道：它们不只是地图上的通常地名。它们深藏在现代人的内心深处。在滚滚红尘里，在被裹挟而奔忙的岁月里，它们是精神的根据地，是心灵的驿站。让你在物欲、名利的喧嚣中，突然沉静下来，就像迷路的人重新认清家园的方向。

这是心灵地理。李卫中感慨：海子说，“以梦为马”，让我们“以心灵为马”。

他写的《延安》，炳炳烺烺，璧坐玑驰。不易一字，收存如下——

延安

如果你精神疲沓，可以遥望西北。有个叫延安的地方，可以找到充足的精神食粮。

它曾经是名不见经传，和其他黄土高坡的县城一样，默默地注视着人间沧桑。然后，在烽火四起的年代，它迎接了一批特殊的客人，从此改变了它的命运，也改变了一个国家的命运。

在普通的窑洞里，一盏普通的油灯点亮了。彻夜不熄的灯火，照亮了广袤的中国大地，温暖了天下缺衣少食的苍生。

追求进步和光明，这是根植于人性深处的善的冲动，也是政治信仰诞生的源泉。一个红色政党，在这里，以新鲜的政治实践为新中国进行预演。无数的年轻人因此听从了内心的呼唤，心向西北。

当红军的哥哥回来了

（信天游）

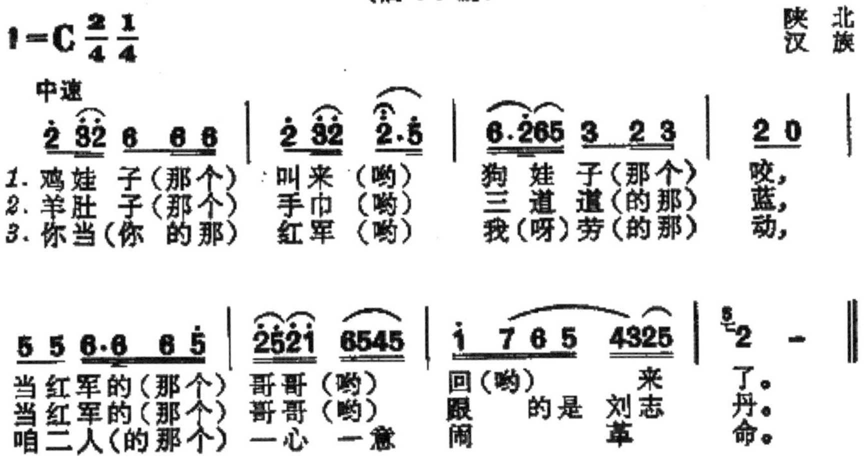

1=C $\frac{2}{4}$ $\frac{1}{4}$

陕北
汉族

中速

| 2 32 6 6 6 | 2 32 2.5 | 6.265 3 2 3 | 2 0 |

1. 鸡娃子（那个）叫来（哟）狗娃子（那个）咬，
2. 羊肚子（那个）手巾（哟）三道道（的那）蓝，
3. 你当（你的那）红军（哟）我（呀）劳（的那）动，

5 5 6.6 6 5 | 2521 6545 | 1 7 6 5 4325 | 2 - ‖

当红军的（那个）哥哥（哟）回（哟）来了。
当红军的（那个）哥哥（哟）跟的是刘志丹。
咱二人（的那个）一心一意闹革命。

这是政治高地，在中国版图上傲然耸立。

在任何年代，人们都需要一个圣地，需要在光明的旗帜下集结，寻找到血脉贲张的人生，背负信仰的人生干净而充实。

因此，今天，我们重回延安，踏访一个新中国的来时路，见证一个红色政党的成长，汲取革命年代传承下来的精神营养。

事实上，我们不一定亲自踏上黄土高坡，只要我们牢记延安的志向和抱负，并全身心践行，我们就走在回延安的路上。

这条路当时连着延安和北京，今天连着一个国家的现在和未来。

还在寻绎吟玩李卫中的散文，延安朋友、从事艺术事业的李旭冉来了。很意外。他是从书法家李远东那里知道我到延安学习了，执意要来见个面。他介绍了延安的新貌、延安的艺术，还热情教我唱陕北民歌，如《陕北是个好地方》、《三十里铺》、《当红军的哥哥回来了》等。陕北民歌真乃天籁之音，洋洋盈耳。在延安唱陕北民歌，能更深切地感受到共产党人当年的豪迈气质和浪漫主义情怀。

虽然还是没学会。但含商咀徵，也是醉了。

26.1 南泥湾

2015-6-7 上午 晴

有人说：到中国如果不去延安，就不会真正了解中国；也有人说：到延安如果不去南泥湾，就不会真正了解延安。

书本上这样描述：南泥湾大生产，那是一段不老的传奇，那是一部民族复兴的英雄史诗，那是一曲开天辟地的悲壮赞歌。那究竟是一个怎样的神秘所在，默默承载着无数中华儿女的日思夜盼？

南泥湾，我们来啦。我们想打开你，就像打开一本久违的书，就像花儿打开草原……

在展览馆，讲解员介绍说，南泥湾，距延安45公里。八路军一二〇师第三五九旅来之前，这里杂草丛生，荆棘遍野，野兽出没，乃荒僻之所。

有民歌为证：南泥湾呀烂泥湾，荒山臭水黑泥潭。方圆百里山连山，只见梢林不见天。狼豹黄羊满山窜，一片荒凉少人烟。

那时的共产党日子难过，毛泽东写道：我们曾经弄到几乎没有衣穿，没有油吃，没有纸，没有菜，战士没有鞋袜，工作人员在冬天没有被盖。

国民党用停发经费和经济封锁来对待我们，企图把我们困死，我们的困难真是大极了。

怎么办？毛泽东在延安生产动员会上悲歌慷慨：饿死呢？解散呢？还是自己动手呢？他亲笔题词“自己动手”、“丰衣足食”，领导解放区军民开展了一场轰轰烈烈的大生产运动。1941年春，王震率三五九旅由绥德开进南泥湾。一路上，他们亢音高唱：英雄气概三冬暖，战士哪怕风雪寒。毛主席在延安一声召唤，九旅开进南泥湾。要与那深山老林决一战，要使陕北变江南。

开荒，开荒。三五九旅的将士们身背钢枪，手握镢头，用鲜血和汗水，在荒山野岭中开疆拓土。你听，那民歌在唱：开荒好比上火线，没有后退永向前。困难虽有千百万，它怕咱干劲冲上天。你再听，另一首也荡气回肠：正当黑夜黎明前，干柴烈火南泥湾；革命战士不怕苦，闯过今年和明年。王纪刚老师告诉我们，在开发南泥湾过程中，领导带头，官兵平等。王震严令："上至旅长，下至马夫，一律参加生产劳动，不使一人站在生产战线之外。"他率先垂范，经常到一线去生产，双手打满血泡。他还亲自杀猪，炒菜给战士们吃。有一个团长，叫陈宗尧，率领全团战士走几百里路去背米，他不骑马，自己背米，马也背米……

浴血开荒，使"烂泥湾"变成了稻田翻绿浪、窑洞满山腰的陕北好江南。毛泽东高兴地写下了这样两段话："国民党要困死我们，饿死我们，它越困，你们越胖了。看！困的连柳拐病都消灭了"、"困难并不是不可征服的怪物，大家动手征服它，它就低头了。大家自力更生，吃的穿的用的都有了。"

看战士们这喜悦：早上吃了四个菜，中午又吃炸油糕，大米饭，米面馍，我们的生活改善了。

看战士们这豪情：两支枪，两支枪。一支枪，能打仗。一支枪，能开荒。打仗消灭了鬼子顽固派，开荒生产粮满仓。保卫毛主席，保卫党中央，三五九旅是党的钢。

看朱德激情赋诗：去年初到此，遍地皆荒草。夜无宿营地，破窑亦难找。今辟新市场，洞房满山腰。平川种嘉禾，水田栽新稻。屯田初告成，战士粗温饱。熏风拂面来，有似江南好。

看毛泽东这不吝赞美：你们到东边，东边安全；你们到西边，西边安全。你们是一支能打仗会生产的部队。敌人不来就生产，敌人来了就拿起枪战斗。

流传最广的，当然还是那首贺敬之作词、马可作曲的《南泥湾》：花篮的花儿香，听我来唱一唱，唱呀一唱，来到了南泥湾，南泥湾好地方，好呀地方。好地方来好风光，好地方来好风光，到处是庄稼，遍地是牛羊……

南泥湾

贺敬之 词
马 可 曲

1=E $\frac{2}{4}$

555 61̇ | 3·216 | 22235 | 1·65 | 163 | 2 – | 555 61̇ | 3·216 | 22235 |

1 花篮的 花儿 香， 听我来唱一 唱， 唱呀 一 唱， 来到了 南泥 湾， 南泥湾好地
2 往年的 南泥 湾， 处处 是荒 山， 没呀 人 烟， 如今的 南泥 湾， 与往年不一
3 陕北的 好江 南， 鲜花 开满 山， 开呀 满 山， 学习那 南泥 湾， 处处 是江

1·65 | 2316 | 5 – | 5532 23 | 5532 | 116556 | 1165 | 116 13 | 2· 3 |

方， 好呀地 方。 好地 方 来 好风 光， 好地 方 来 好风 光， 到处 是庄 稼，
般， 不呀一 般。 如呀 今 的 南泥 湾， 与呀 往 年 不一 般， 再不是 旧模 样， 是
南， 是呀江 南。 又战 斗 来 又生 产， 三五 九 旅 是模 范， 咱们 走向 前，

66535 | 1 50 | [1. 2.] 5653 2·3 | 12165 | 116 13 | 2·3 | 6 6535 | 1 5 :‖ [3.]

遍地 是牛 羊。
陕北的好江 南。
鲜花 送模 范。

116 13 | 2·3 | 665351̇ 6 | 5 – ‖

咱们 走向 前 鲜花 送 模 范。

看实物，观音像片，听老师讲授，很感动。三五九旅将士们用镢头和钢枪演奏的壮歌，仿佛还在南泥湾的上空回响。还是毛泽东概括得好：我们用自己的方法，达到了丰衣足食的目的……这一个创造，对于我们的民族解放事业，该有多么重大的意义啊！

向这一伟大的创造致敬！

向那段“自力更生，艰苦奋斗”的岁月致敬！

向劳动的军民致敬！

26.2　实地考察马坊村

2015-6-7　下午　晴

倘只看书，便变成书橱。

理论家没有实践，如同树林没有果实。

下午便是社会实践教学。通俗地说，就是到田间地头去，到农民的炕上去，和老百姓唠唠嗑，接接地气，醒醒神儿。

带队老师先作动员：深入到南泥湾镇进行实地考察和体验，分为四组，下到四个村；各组悄悄自行进村，不通知当地政府；所有学员都扮作游客，不暴露领导干部的身份；真实了解延安老区农村发展状况，原汁原味记录农民朋友的生活状态、收入状况及未来愿景。

我们组去的是马坊村。全村120户，500来口人。这里有著名的马坊抗日阵亡将士纪念碑，八路军三五九旅七一八团当年曾驻守于此。1944年秋，该团要组建南下支队开辟根据地，临走前，他们为缅怀牺牲的战友，在马坊村修建了纪念碑，上面镌刻的448人中包括了南泥湾垦荒中劳累而死的英灵。

我们一进村，就遇到了正要出门的董伯平。他52岁，身有残疾，两个

孩子。大的在西安读大学，老二在延安打工，学厨师。他家里只有一亩薄田，主要靠妻子给当地企业做饭来维持生计，一个月收入有三千来块。大儿子上学一年要两万多，主要靠东拼西凑：县里扶贫款2500元，助学贷款5000元，学校补助3000多元……他很感激县里对残疾人的关心，家里的太阳摩托就是县里出了大头；对党的富民政策也很满意，不交公粮，每个月还有低保领，生了大病由“新农合”兜底儿。前几天他生病花了1033元，自己只用出160元。谈到当前的反腐，他赞不绝口：反腐得民心啊，连一些大老虎都查了，一定能治好！

在我们聊天的当口，董伯平的妻子跑前跑后。她跳进菜园，为我们摘自家种的草莓，一次又一次。草莓大概已过了季节，稀稀寥寥，只有极个别还躲在叶子下面。她认真地找啊找啊，像寻宝一样。这里日照时间长、昼夜温差大，草莓格外好吃，酸酸甜甜的。我们要付草莓钱，他们坚辞不受，推来推去……

从董伯平家出来，我们来到一棵“中槐”树下。中槐亭亭如盖，因树

为屋，要几个人合抱才行。此树颇有来头，树龄约1080年，已正式列入古树名木保护。大树下，村民们正在打牌，怡然自得。我们和一位老者攀谈起来。呵，不得了，这位老者叫常来有，已经九十岁了！他打小跟着父亲闹革命，20世纪80年代多次被评为延安市的“农业先进生产者”。老人很幽默，笑称自己上过四次战场了——他把“文革”也算做战场。他讲起南泥湾大生产，讲起见到毛主席、王震的情形，讲起踊跃交公粮……讲着讲着，老人的眼角泛起了泪光。我想，一定是那些峥嵘岁月触动了老人的内心深处。而老人的谦逊，不就是古人所说的坐树无言吗？

老人的四个儿子都在延安，他现在一个人住在村子的窑洞里。我们提出去看看，老人爽快地答应了。穿过一小段崎岖的山路，我们到了老人的家。院子里是老人自己种的蔬菜，西红柿良苗怀新，长势喜人，韭菜也蚁封盘马，粗壮得可爱。窑洞中家具简陋，堆满了柴火。最显眼的要算墙上的奖状了，好多张，已有些许泛黄。老人一边介绍一边说：习近平现在搞群众路线，可好啦。可好啦——东北话？陕北味？一下子我们全被逗乐了。

……

三个小时的调研，我们了解到了当地老百姓最真实的期待：一是治治身边的腐败；二是多关注空巢老人；三是要切实重视留守儿童问题；四是土地政策落实要到位。

最深的感受是什么呢？想了想，归纳为三句话：老区农民真好，老区农民还穷，老区农民非常爱国爱党。同时，我也很担心贫困代际传递的问题。多年前，我牵头做过一组关于"第二代农民工"的调查，当时就有农民工告诉我：不敢老去，即使双鬓已斑白；不敢归去，已没有足够的土地。现在，情形虽有好转，但农村"386170（妇女、儿童、老人）"的现状并没有得到根本改观。长此以往，就可能导致贫困代际传递。某种意义上说，这比贫困本身更可怕。如何破解？值得深思。

走出书斋，到百姓中去，"一克的经验抵得上一吨的理论"。

26.3 "重口味"

2015-6-7 晚 晴

今天的晚餐真是"重口味"。

一碟豆豉，两盘咸菜，就是桌上的全部了。哈哈，全咸的，大概就是古人常说的"陋巷箪瓢"、"粗衣粝食"吧。可能下午进村调研跑了不少路，比较饿了，大家一上桌便狼吞虎咽起来。恰好咸菜又是萝卜干做的，特能下饭，大家吃得香极了。馒头没少消灭，我就一口气吃了三个。吃相大概不雅，好在大家都在埋头苦干，没人理这茬儿。吃差不多了，服务员宣布再加一个青椒炒鸡蛋。高兴是高兴，可是肚子不答应，太饱啦！

吃饭"重口味"，住宿也颇具返璞归真的原始味儿。我们住在南泥湾镇北京知青林食宿区。这个林场是20世纪60年代的特殊产物，建筑物比较陈旧，有的已是断壁残垣，有的干脆废弃不用了。我们住在五七干校旧址，美其名曰“中心楼”，其实就是一排窑洞，学院将其整饰了一下。外观上稍微新点，里面陈设简约到“离谱”：凉拖鞋没有，便笺纸没有，毛巾浴巾没有，牙膏牙刷没有，连马桶也没水，要接水龙头的水来冲，更不消说电脑这些现代玩意啦。洞内最有特色的要算塑料大暖瓶了，红彤彤，大个头，二十多年没见过这种“老古董”啦……门都不配钥匙，锁一扭就开。嘿，这下真见识了一下夜不闭户。

学院安排，两人住一间。我和贺少琨分在117房，在窑洞的中间位置，听得见左邻右舍说话，算是黄金地段。推窗远眺，横峰侧岭，昂霄耸壑，了无“夏山如怒”，却正“春山如笑”。而就在门前，铺青叠翠，花影摇窗，一派生机啊。

北京朝阳区的一位老知青，在这生活了48个年头，鹑居彀食。有机会返城时，他选择了留下，让儿子回去了，“适应了这里，熟悉这里的山山

水水”。他主要在这种玉米，每年冬天回下北京，“天冷时这里没多少活儿干”。老人说，像他这样扎根留在老区的，全延安大概有两三百个。而据资料记载，从1968年开始，先后有四批共27211名北京知青落户陕北，散落于1600多个大队从事农业劳动……“文革”结束后，大批知青陆续返城，一小部分则留在了黄土高坡。我们只是听老人平静地回忆过去，极少插话。不知老人还会否唱那首《延安窑洞住上北京娃》：山丹丹花开赛朝霞/延安窑洞住上了北京娃/漫天的朝霞山坡上落/北京青年在延河畔上安下家/毛主席身边长成人/出发在天安门红旗下/接过革命的接力棒/红色土地上把根扎……

吃过晚饭，我们先去看了旁边的红楼——原中央管理局干部休养所，1942年建成，1975年翻修过。新红楼用红砖砌成，醒目而庄重。三开间的门面，正中是会议室。会议室楼上原是朱德、吴玉章、续范亭、徐特立、谢觉哉等著名革命老人住过的地方。此时，天色尚早，我们决定去看看九龙泉村的三五九旅七一九团烈士纪念碑——毛泽东曾含泪给该团题词：热爱人民，真诚地为人民服务，鞠躬尽瘁，死而后已。穿过炮兵学校旧址，穿过知青林老门儿，走啊走啊，不知走了多远，实在走不动了。干脆拦辆过路车吧。一招手，一辆小面包急刹车。司机探出头，一边问我们去哪儿，一边招呼我们上车。我们问多少车费，司机赶忙解释：不要钱，真的不要钱，真的不要钱！

真的不要钱——多么淳朴、简单的老区人！在这里，哪怕物质条件差一些，心也美滋滋、乐呵呵的。

27.1 劳动竞赛

2015-6-8 上午 晴

什么是劳动?

高尔基说：我知道什么是劳动，劳动是世界上一切欢乐和一切美好事情的源泉。

马克思讲：体力劳动是防止一切社会病毒的伟大的消毒剂。

李大钊认为：人生求乐的方法，最好莫过于尊重劳动。一切乐境，都

可由劳动得来；一切苦境，都可由劳动解脱。

问题是，现代都市人，特别是领导干部，在劳动的问题上恐怕很难知行合一。老实说，我们离开你太久了——劳动！

今天，小小的劳动体验，让我们再度思考劳动的意义，回到劳动的本原。

早上4：50，披衣起床。南泥湾的黎明来得特别早，此时，晨光熹微，百鸟吱喳，云霞异彩。我沿着住地旁边的小道上山，空气清新，杂树生花，葱蔚洇润……我能想到的最美的词儿，都在这儿遇见了。

7：00，集体出早操。我们穿上学院统一的劳动服，分成两列，直出大门，左转急行，一二一，一二一，一二三四……到延安炮兵学校旧址后折返。

7：30，早餐。

8：00，我们被带到了住地门前的玉米地里。高级农艺师曹力军给我们讲授了玉米农事知识：玉米是我国五大农作物之一，其种植分为九个步骤，延安地区多密植……他还给我们细细算了一笔账：刨去成本，农业机械化水平高、收成好的，每亩玉米赚个几百块；农业机械化水平低、收成差的，每亩玉米刚保本或略亏。他直陈“一些领导不重视农业”，希望学员们多关注、了解农业。他的讲授情真意切，我边听边想——汉文帝讲“农，天下之本，务莫大焉”，王安石说“欲收禾黍善，先去蒿莱恶”，墨子称“吏不治则乱，农事缓则贫”，我们现在不少干部确实离农业太远了，甚至有点瞧不上，完全漠视“农为四民之本，食居八政之先”的古训。这种状况要尽快改变，必须改变。

8：18，劳动竞赛开始。我们的主要任务是松土锄草，每人领了一把锄头。烈日炎炎，大家你追我赶，个个奋勇争先。松土锄草，虽然技术含量不高，劳动强度也不大，但对一帮拿笔杆子、坐办公室、不事稼穑的“眼镜君”来说，确非易事，某种程度上说“还真要命”。半小时后，已有人喊腰疼；45分钟后，已有人跟不上趟儿；一小时后，大多数人汗流浃背……这时，各种封号开始满天飞，特别是“气死”系列：锄得好又快的“气死牛”、“气死鸡（机）”，锄得慢或差的“气死人”、“气死苗”。最后，赵安华一马当先，蟾宫折桂。此时，再回望玉米地，确乎干净、松软了许多，汗珠子没白流。

10：00，就蹲坐在田间地头，学习名篇《中央关于增强党性的决定》。我们集体大声诵读：要提倡大公无私、忠实朴素、埋头苦干、眼睛向下、实事求是、力戒骄傲、力戒肤浅的作风。要改造那些把理论与实践、学习与工作完全脱节的现象，这样来更加坚定自己的阶级、党的立场与党性……空谷传声，敲金击石，响遏行云。

一次劳动，不可能有太大成果。但，至少它让我重温了童第周的那句名言：应该记住，我们的事业，需要的是手，而不是嘴。至少它唤醒了我对农业的感情和认知——“农业的要素也就是构成宇宙的要素：水、土、空气和阳光”。

27.2 壶口瀑布·黄河大合唱

2015-6-8 下午 晴

无数次，在心中描摹你的形状。

无数次，在梦里听见你的歌唱。

不是因为你是“人民币的背面”，而是因为你奔腾着中华民族的精

神，生生不息，滔滔汩汩……

你好，黄河壶口瀑布！汲汲忙忙，我们，欢聚在你的怀中。

正当午，日头火辣辣。在“黄河壶口瀑布”的巨石前，文体委员汤立斌动情地说：今天，我们来近观气势磅礴的壶口瀑布，体验博大精深的黄河文化，感悟当年人民群众如火如荼的爱国情怀，砥砺我们的革命意志……

以黄河作帷幕，以涛声为背景，全班一起高唱光未然作词、冼星海作曲的《黄河大合唱》：

风在吼，马在叫，
黄河在咆哮，黄河在咆哮。
河西山冈万丈高，
河东河北高粱熟了。

万山丛中，抗日英雄真不少，
青纱帐里，游击健儿逞英豪！
端起了土枪洋枪，挥动着大刀长矛。
保卫家乡！保卫黄河！
保卫华北！保卫全中国！
……

热血沸腾，激情万丈！《黄河大合唱》，不仅是抗战年代爱国救亡的号角，也是新时期宝贵的艺术财富。对我来说，此时更多了几分豪情和亲切。冼星海祖籍广州南沙区榄核镇，1938年赴延安，担任鲁艺音乐系主任。他“为抗战发出怒吼，为大众谱出呼声”，1935年到1940年的5年间，创作了《军民进行曲》、《生产运动大合唱》、《九一八大合唱》等几百首抗战歌曲，为民族解放运动注入了强大的精神动力。特别是光未然作词的《黄河大合唱》经他谱曲，成为“谱民族之声，奏中华之魂”的经典。正如诗人谷禾所吟诵的：“这歌曲里，有一个民族的呐喊”，“有一个民族的血泪，呼吸，疼痛”，“是黄钟大吕，是一个民族挺起的脊梁”。1939年5月11日，在庆祝鲁艺成立周年晚会上，冼星海穿着灰布军装和草鞋，打着绑腿指挥《黄河大合唱》……在场的毛泽东大喊了三声“好”，事后专门派人给冼星海送了一支派克钢笔。更有无数中华儿女高唱着“风在吼，马在叫”，奔向了抗日的最前线……近两年来，我一直奔走在“星海故里”——南沙区榄核镇。我所供职的羊城晚报报业集团正在和南沙区联手打造“星海故里，音乐摇篮，甜蜜水乡，文创小镇”。在冼星海的故里，我听到了他太多太多的故事，比如，他的爱党——“不顾一切，为党努力和奋斗”；他的爱国——“我是一个有良心的音乐工作者，我第一要写出祖国的危难，把我的歌曲传播给全中国和全人类，提醒他们去反封建、反侵略、反帝国主义，尤其是日本帝国主义”；他的爱艺术——“我不是用钱买得动的，艺术家有他自己的人格”……每重温一次，就精神洗礼一次，就信念坚定一次，就豪情迸发一次。

据老师介绍，壶口瀑布东濒山西省临汾市吉县壶口镇，西临陕西省延安市宜川县壶口乡，为两省共有。它是我国第二大瀑布，世界上最大的黄色瀑布。

初夏，由于水流变化，壶口附近形成3个主要瀑布：一个位于龙槽顶端，落差约10米；另外两个分别从龙槽西岸和东岸跌入龙槽，落差分别为15米和7米左右。

老师说，前一段水流尚小，今天忽然很大，“你们来对了”。

那真是黄河之水天上来。那真如课本上描述的：河水从五百米宽的河道上排排涌来，其势如千军万马，互相挤着、撞着，推推搡搡，前呼后拥，撞向石壁，排排黄浪霎时碎成堆堆白雪。我们凝神屏气，眼前尽是大水奔腾，耳边也全是轰鸣声……

我们的头上、脸上，全是水，湿漉漉，畅意无比。往下走，水小了些，却又是名家笔下的另一番景象——壶口还是不能尽收这一川黄浪，于是又有一些各自夺路而走的，乘隙而进的，折返迂回的，它们在龙槽两边的滩壁上散开来，或钻石觅缝，汩汩如泉；或淌过石板，潺潺成溪；或被夹在石间，哀哀打漩。还有那顺壁挂下的，亮晶晶的如丝如缕……

站在这里，我无法言说自己的震撼，似乎也没有什么辞藻可以确切地表达这种壮美。只能粗陋地说：大自然鬼斧神工，母亲河气逾霄汉，中华民族绵绵绵绵！

还想说：不到壶口非好汉！到了壶口，你才知道什么是蔚为壮观。那些“Duang Duang Duang”什么的，全都弱爆了！

27.3 依依不舍

2015-6-8 晚 晴

门外若无南北路，人间应免别离愁。

杜牧千年的吟唱，还是不请自来了，要考验我们的节奏——王军要提前走，明天，公务，没商量。

大家很不舍。我们在最美好的年华相遇，一起求索，叩问真理。我们单纯而热烈地交往，有竹林之游，无酒食征逐。李郭同舟，信念作桅杆；清交素友，理想高于天！

这种友谊，不就是马克思笔下所绘吗：“真诚的、十分理智的友谊是人生的无价之宝。你能否对你的朋友守信不渝，永远做一个无愧于他的人，这就是你的灵魂、性格、心理以至于道德的最好的考验。”

王军，是组长。这个组长不好当啊，从课堂学习，到生活起居，从长途踏访，到小小比赛，事无巨细，都得管。他自惟至熟，郢人斤斫，款曲周至……一切妥妥的。再比照去年自己在省委党校市厅班当副书记兼三组组长，手忙脚乱，粗枝大叶，差距啊，惭愧惭愧。

一怀清茶，送送王军。一个月的学习，他也感慨万端，夜不能寐，起而作《沁园春·延安学习感怀》：

曾乱中华，
风卷黄河，
雾锁长城，
数寒窑星火，
沉思实践，
深析矛盾，
合道知行。
持久游击，
统一战线，
抗日烽烟遍地兵。
十三载，
挽悲歌碧血，
睡狮初醒。

光荣，
岁月峥嵘。
梦宝塔山望天地明。
忆杨家岭下，
为民服务。
南泥湾里，

自力更生。

继往开来，

艰苦奋斗，

世界东方红日升。

从头越，

三严和三实，

不负苍生。

哟嗬，知道王军其他方面厉害，没想到写诗也如此大气磅礴，拔山举鼎，平时没看出来啊。我想，一定是这一个月的日日夜夜，触动了他内心的最深处……

藏族有民谚：树直用处多，人直朋友多。藏族的多吉，曾和王军同住一室，朝夕相处的友谊，他很珍惜。他用藏语即席朗诵了《沁园春·雪》：北国风光，千里冰封，万里雪飘。望长城内外，惟余莽莽；大河上下，顿失滔滔。山舞银蛇，原驰蜡象，欲与天公试比高……声情并茂，琅琅其璞，岩岩其峰！

火车头、老大哥……大家都用不同的话语表达了对王军的赞美和祝福。我也借两句谚语送给王军童鞋——

一句是鄂伦春族的：骑快马的，感觉不到路远，朋友多的，感觉不到困难。

一句是维吾尔族的：智慧不在年龄在心灵，友谊不在一时在平时。

28.1 教学答疑

2015-6-9 下午 晴

学院安排真是至纤至悉，虑无不周。

原定今天休息，为让学员们极本穷源，学院今天增设了“教学答疑”课。答疑的阵容庞大：学院常务副院长陈燕楠亲自坐镇，陈国清、杨延虎、王健三位知名教授一起登台。

机会难得。气氛热烈。

学员们问得深刻：请分析“两点一存”的偶然性和必然性。如果没有陕甘根据地，中国革命的走向及其胜利的可能在哪里？

教授们答得精彩：党中央选择陕甘根据地作为落脚点，有其历史必然性，要从当时国内外政治形势和敌我友力量消长的大背景中去考察……能够“硕果仅存”有十大原因：一、地理原因，这里地处黄土高原，地形复杂，回旋余地大；二、能自给自足，对外依存度低；三、周边革命根据地牵制了敌人的力量，这里国民党反动统治相对薄弱；四、地方军阀矛盾重重；五、这里很早就有党组织的活动，撒下了革命的火种；六、这里一直努力排除“左倾”、“右倾”错误的干扰，坚持从实际出发创建根据地；七、“三色三窟”保存了力量，贯彻统一战线扩大了同盟军；八、坚持群众路线，与人民群众“血浓于水”；九、注重建党思想；十、有力地采取了系统、管用的执政方略……

学员们问得尖锐：延安时期的哪些做法不再适合当前的形势，哪些内容仍然具有时代价值，如何发扬光大？革命党与执政党在思想与实践上有哪些不同之处？

教授们答得中肯：不适合当下的做法主要有：一、战时共产主义，供给制；二、政治运动进行革命动员；三、“三三制”领导人随意调换；四、“抢救运动”中的“逼供信”……仍然具有时代价值的包括：为人民服务的宗旨不能变，党的领导必须坚持，统一战线的法宝不能丢……我们党一开始是以“革命党”的姿态走上中国历史舞台的，夺取政权以后，党成为执政党。总体上说，“革命党”是围绕“夺权”这一中心任务展开的，而“执政党”是围绕“建设”这一中心任务展开的……

同学们继续发问：各个老区精神的突出特点是什么？毛主席在新中国成立后为什么没有回延安？如何看待有人用延安时期我党的言论来反讽当下？

教授们毫不含糊，一一作答。

掌声不断，笑声四起……真是一场思想的盛筵！

我们就应该这样：不驰于空想，不骛于虚声，与思想同行，和奋斗并肩，“追求客观真理和知识是人的最高和永恒的目标”。

28.2 意料之外，情理之中

2015-6-9 晚 晴

今晚，一个又一个“意料之外，情理之中”。不禁想起大诗人塞缪尔·约翰逊的名言：最明亮的欢乐火焰大概都是由意外的火花点燃的。

先是乒乓球比赛。本班今晚与甘肃省中青班一决高下，客观讲，本班不占优势，虽然也叫“年轻干部班”，毕竟平均年龄已臻45岁，比甘肃省中青班要年长好几岁。本班派出了五名选手：关威、杨鲁峰、王宏伟、郝向宏、贺少琨，都是严格选拔出来的。场上的激烈、精彩程度自不待言，只听见“乒乒乓乓”、“乒乒乓乓”……攻势凌厉，运斤成风。结果，姜还是老的辣，本班5：0大获全胜，且每人都是2：0拿下。简直匪夷所思！再深想，也不意外——本班也是蛮拼的，好几个晚上，我都看见他们在勤

学苦练。

接着，传来好消息：王军不走了。他原本向学院请好了假，买好了机票，托运走了衣物，和大家一一话别……突然说会议延迟了。他本可以顺势回广西算了，但他还是决定改签机票，留下来学习，“这样的读书机会太宝贵了”。哈哈，大家欢天喜地，也很好奇：他明后天穿什么？估计，今晚他得洗衣服、再烘干。说到底，校园，只有校园，才会让人如此恋恋不舍，迟迟吾行。

还有一个，是开课建议。班里接到通知，说学院过两天要召开一个教学评估座谈会，让各组提建议。四个小组马上行动，认认真真讨论，详详细细汇总……其中，三组由丁以绣执笔，写出了思想谨严、条理缜密的“关于开设《国际友人在延安》课程的建议”，大家格外惊喜，认为“不是毕业论文，胜似毕业论文”，收藏学习了——

关于开设《国际友人在延安》课程的建议

中国共产党领导的中国人民抗日战争，是争取民族独立、人民解放的伟大事业，是世界人民反法西斯战争的重要组成部分。古人云：至德不孤。延安13年间，中国共产党建立反法西斯国际统一战线，得到了诸多国际友人的充分理解、大力支持和无私帮助，积累了丰富经验。在今天错综复杂的国际大背景下，在实现中国梦的伟大进程中，研究延安时期党关于国际友人的统战工作案例，对于有效开展国际舆论宣传、争取国际进步力量的支持将会起到重要借鉴作用。据初步了解，目前中国延安干部学院没有开设此类课程，教育教学中也很少涉及，故建议研究开发此课程。

一、建立国际抗日统一战线是延安时期我党的重要工作，应该包含在延安干部学院课程体系中

1. 延安时期党中央高度重视建立国际抗日统一战线工作。毛泽东同志在1936年同美国记者斯诺谈话时指出，“中国人民的反法西斯战争的胜利，要有三个条件，……第二是国际抗日统一战线的完成。……”1941年6月，毛泽东同志为中共中央写了对党内的指示《关于反法西斯的国际统一战线》，号召“在外交上，同英美及其他国家一切反对德意日法西斯统治者的人们联合起来，反对共同的敌人”。1941年7月，中共中央书记处发出《关于凡是反对法西斯德意日者均应联合的指示》，对反对德意日的国家和援华行为均表示欢迎。1941年12月，中共中央发出《关于太平洋反日统一战线的指示》，部署建立和开展太平洋各民族反日反法西斯的广泛统一战线等工作。上述文件和谈话，为做好国际友人工作提出了要求，指明了方向。

2. 大批国际友人来到延安为中国人民抗日战争作出了重要贡献。据《国际友人眼中的延安》一书记载，来延安的国际友人，医务工作者有马海德、白求恩等20人，记者埃德加·斯诺、史沫特莱等27人，科技工作者路易·艾黎、阳早、寒春等13人，其他各国友人15人，其中不乏中国人民熟悉的名字。整个抗日战争期间出于道义为中国人民施以援助之手的远远不止这些，他们只是国际友人的典型代表。《西行漫记》成为国际学界研究中国抗战和中国共产党人的必读书，更有以白求恩大夫为代表的国际友人谱写了伟大的国际主义精神新篇章，他们的事迹永远值得中国人民尊敬和铭记。

3. 延安时期的国际友人统战工作积累了宝贵经验。来延安的国际友人有的牺牲了宝贵生命（如白求恩、柯棣华），有的最后加入了中国国籍继续为中国的社会主义建设和改革开放事业作出重要贡献（如马海德、阳早、寒春）。延安时期的国际友人统战工作蕴含着老一代革命家的宝贵统

战经验，值得深入研究学习，继续发扬光大。比如：用正义的事业获得尊敬，交朋友不相欺，让知识分子有发挥专长的平台，等等。

二、延安时期国际人士统战工作具有鲜明的时代价值，党的各级领导干部应该学习掌握

1. 要学会借助国际友人的力量，提高加强我国际话语权能力。加强国际传播力建设，是实现中国梦的客观需要。习近平总书记说，国际话语权是国家文化软实力的重要组成部分。现在国际舆论格局总体是西强我弱，我们往往是有理说不出，或者说了传不开。要着力推进国际传播力建设，创新对外宣传方式，精心构建对外话语体系，发挥好新兴媒体作用，增强对外话语的创造力、感召力、公信力，讲好中国故事，传播好中国声音，阐释好中国特色。积极主动争取国际友好传媒专业人士和各界代表性人物的支持，对于努力提高国际话语权，具有极其重要的意义，会起到事半功倍之效。

2. 要学会借助国际友人的专业知识，做好我各专项工作。我们坚信，中华民族伟大复兴是一项伟大、正义的事业，中国梦同各国人民的梦是相通的。正义的事业一定会得到国际友好人士的支持。抗日战争时期即便延安受到层层封锁，一些国际友人仍通过各种方式来到延安，利用专业知识帮助我们解决了许多无法解决的难题。在今天风云变幻的时代，我们要学会延安时期国际统战工作的方式方法，争取国际友人认同中国的价值观，让他们在中国甚至国际舞台实现他们的中国梦。

3. 要学会同国际友人增加情谊，提高交朋友的能力。延安时期我党许多高级干部同国际友人建立了很好的个人关系，甚至成为终身的朋友。如埃德加·斯诺，作为国际知名媒体的记者，通过宋庆龄介绍来到延安，与我党领袖和我军将领建立了深厚的友谊，客观、公正地宣传我党领导的敌后抗日，让世界了解了一个真实的、充满希望的中国，为我党占领道义制

高点、争取世界人民的支持发挥了极其重要的作用。再如路易·艾黎、马海德、阳早、寒春等，都成为我党领袖的终身朋友。改革开放以来，国家的经济工作搞上去了，但这种“铁杆”国际友人似乎少了点，这种状况应该高度重视，必须通过不懈努力逐步改变。

三、关于《国际友人在延安》课程设计的初步想法

开设一门新的课程，需要充分论证研究，这里仅提出初步设想。本课程教学目的是：通过延安时期国际友人在延安及我党领导的抗日根据地活动、工作的介绍，总结延安时期对国际友人统战工作的成绩和经验，树立国际统一战线过去、现在以至将来始终是我党工作法宝的理念，在经济全球化的背景下，继承革命传统，重视并不断提高与国际友人打交道、交朋友的能力，为实现中华民族伟大复兴中国梦创造有利的国际环境。教学内容主要通过延安时期国际友人活动工作介绍，总结国际友人统战工作的历史价值和现实意义，说明我党统战工作政策的正确性，以及新形势下创新国际友人工作的重要性、必要性和迫切性，帮助学员提高同国际友人“交朋友”的意识和能力。教学形式为讲授和讨论结合，辅之以观看历史影像片。时间安排为3～4学时。

建议人：第3期年轻干部党性教育专题班第3组

执笔：丁以绣

29.1 文化大餐

2015-6-10 上午 晴

上午的学员论坛，像一桌丰盛的文化饕餮大餐。

“大家知道，我是安徽人，受了点桐城派的影响”，李克强总理前不久的自我介绍，让许多人开始重新审视桐城派，甚或心慕手追。

桐城市委书记胡红兵第一个登台，给大家讲《桐城文派 天下文章——桐城派源流简介》。

桐城派，又称桐城文派，是我国清代最大的散文流派。它崛起于清康熙年间，衰微于民国初年，前后绵延200余年，作家遍及19省（市）及日本共1200余人，传世作品2000多种。它以地域命名，主要是因为其早期重要作家皆为桐城人。

桐城派文章特点鲜明：在思想上多为“阐道翼教”而作，宣传儒家思想尤其是程朱理学，论点鲜明，逻辑性强，辞句精练；在文风上，只求简明达意、条理清晰，不重罗列材料、堆砌辞藻，不用诗词与骈句，力求“清真雅正”。因此，桐城派的文章一般都清顺通畅，尤其是一些记叙文，写景传神，细节盎然。如方苞的《狱中杂记》、《左忠毅公逸事》、姚鼐的《登泰山记》等，都是著名的代表作品。

桐城派的基本理论是从方苞开始建立的。他提出“义法”主张：“义”即“言有物”，“法”即“言有序”。刘大櫆进一步探求了散文的艺术性，提出了“因声求气”说或称“神气”说。姚鼐提倡“义理（内容合理）、考据（材料确切）、辞章（文辞精美），三者不可偏废”。

胡红兵说，桐城文化的时代影响有三个方面：一、培育了桐城精神——崇文、重教、务实、创新；二、输送了大量人才——有“三千博士出桐城”之誉；三、树立了道德典范——父子宰相张英、张廷玉，以及六尺巷的故事。

胡红兵还幽默地为桐城中学向大家征联。上联是：桐中敲铜钟童男童女同上学，“现征下联，中者有奖”。哈哈。

天津旅游集团的高桂鸿，讲得很诗意：《人在旅途》。她认为，原来的旅游六要素——吃、住、行、游、购、娱，已演进为新的旅游六要素——商、养、学、闲、情、奇。

她特别介绍了其集团旗下的文化瑰宝——利顺德大饭店。该饭店始建于1863年，是中国最早的大饭店，位于天津市和平区解放北路199号，素有“华夏第一店”的美称，是中国唯一荣膺“全国重点文物保护单位”和“中华老字号”两项桂冠的酒店企业，也是中国第一家拥有专属博物馆的特色酒店。从革命领袖孙中山、周恩来到美国前总统格兰特、胡佛，从末代皇帝溥仪到晚清重臣李鸿章，从历任民国大总统到各路军阀政客，从一代名将蔡锷、张学良到文化名流严复、梁启超，从科技精英詹天佑、侯德榜到教育名家严修、张伯苓，从十世班禅到京剧大师梅兰芳，数不胜数的中外名人都在利顺德留下过踪迹和故事。

她郑重发出邀请：欢迎同学们来津自费旅游。

第三个登台的是青岛大学副校长夏东伟，他讲的主题是《高等教育与中国梦》。他认为，教育是民族振兴和社会进步的基石，必须高度重视，但“教育不只是注满一桶水，而是点燃一把火”。中国有2.6亿名在校学生和1500万名教师，中国教育竞争力目前处在世界中等水平，发展教育的任务繁重。预计到2020年，具有高等教育文凭的25～34岁人口将达2亿，大致相当于美国25～64岁预期总人口规模。

夏校长讲起了那个让青岛大学师生津津乐道的传奇故事：1930年，臧克家报考国立青岛大学，因其投笔从戎，去武汉参加大革命，高中数学几乎没有学，以致高考数学得了个零分。可是，臧克家的三句杂感：“人生永远追逐着幻光，但谁把幻光看作幻光，谁便沉入了无底的苦海”，得到了时任青岛大学文学院院长兼中文系主任、主考老师闻一多的赏识。评分极严的闻先生，给这三句杂感打了全体考生里国文的最高分——98分，并破格录取了臧克家。

这，大概就是夏校长开头所说的“点燃一把火”吧。

多吉上台，讲民族宗教政策。他饱谙经史，如数家珍……真不愧为西藏的“百科全书”。

“有如语言之于批评家，望远镜之于天文学家，文化就是指一切给精神以力量的东西”，今天的讲坛，让我真真切切地窥见了文化的魅力，感受到了文化的力量。

29.2 杨家岭

2015-6-10 下午 晴

如果你去了这个地方，请确保你有足够的决心回来……因为你一定会在这个传奇所在流连忘返。

这，就是我们今天去参观的杨家岭。

它原是一个寂寂无闻的陕北小山村，因为1938年11月中共中央的到来名震寰宇。这里产生了推动中国历史进程的一个又一个重大决策：精兵简政、百团大战、大生产运动；这里见证了中国共产党历史上一次又一次重要会议：延安文艺座谈会、中共六届七中全会、中共七大；这里诞生了一篇又一篇对中国革命产生深远影响的光辉著作：《整顿党的作风》、《新民主主义论》、《反对党八股》……

穿过石拱坊门，便是1942年建成的中央大礼堂了。礼堂还保留着七大召开时的模样，横幅、头像、挂旗都好像在诉说着那一次盛会——1945年

4月23日至6月11日党的七大在此隆重召开，正式代表547人，候补代表208人，代表全国121万名党员。让我格外激动的是，羊城晚报复刊后的首任总编辑吴有恒就曾经是党的七大、八大、十二大代表。党在延安召开七大的时候，他从华南风雨兼程赶往参加，步行万里，经粤、桂、湘、赣、浙、皖六省，历时一年又一个月。曾任羊城晚报副总编辑的秦牧先生这样描述吴老那一路：那时交通梗阻，关卡重重……常常深夜通过国内反动派军队的驻地，或者日本侵略军的封锁线，经历过不少冒险犯难，艰辛竭蹶的生活。

“七大”会期50天，是党的历史上时间最长的一次全国代表大会；“七大”共举行全体会议21次，是党的历史上举行全体会议最多的一次全国代表大会。“七大”选举毛泽东、刘少奇、周恩来、朱德、任弼时为中央书记处书记，毛泽东为中央委员会主席、中央政治局主席、中央书记处主席。从此，在组织上、在思想上完全确立了毛泽东在中国共产党的领导地位。

在七大开幕式上，毛泽东明确指出：我们的任务不是别的，就是放手发动群众，壮大人民力量，团结全国一切可能团结的力量，在我们党领导之下，为着打败日本侵略者，建设一个光明的新中国，建设一个独立的、自由的、民主的、统一的、富强的新中国而奋斗。他还自豪地宣布：“我们现在已经具备了这样几个条件：第一，有一个经验丰富和集合了一百二十一万党员的强大的中国共产党；第二，有一个强大的解放区，这个解放区包括九千五百五十万人口，九十一万军队，二百二十万民兵；第三，有全国广大人民的援助；第四，有全世界各国人民特别是苏联的援助。”

从大礼堂往左，跨过一座小桥，便是中共中央办公厅小楼了。1942年5月，中宣部在这里召开了著名的延安文艺座谈会。在这里，不由得就会想起毛泽东那著名的讲话：“我们的文学艺术都是为人民大众的，首先是为

工农兵的，为工农兵而创作，为工农兵所利用的”，“我们知识分子出身的文艺工作者，要使自己的作品为群众所欢迎，就得把自己的思想感情来一个变化，来一番改造”。

在这里，讲解员带我们高唱《东方红》：东方红，太阳升，中国出了个毛泽东，他为人民谋幸福……在这里，讲解员带我们扭起陕北秧歌，节奏欢快，红火热闹；在这里，面向刘少奇住过的窑洞，薛琳老师讲起刘少奇和他的《论共产党员的修养》，发人深思，催人奋进。

刘少奇写《论共产党员的修养》，最核心的原因就是抗战爆发后党员人数的迅速扩增，从长征到达陕北后的3万人上升到1940年的80万人。但是，不少加入党的队伍的人，其实并不真正了解共产主义，或者仅仅是仰慕共产党的声望，或者是为了摆脱家庭的束缚和包办婚姻，或者是为了将来能够“吃得开”……这些同志，其实没有清楚而且确定的共产主义的世界观，并不了解共产主义事业的伟大和艰辛。这就是说，组织上入了党、但在思想上还没有入党的情况是严重存在的，如果不加强教育，“在某种转变关头，在某种情况下，他们中间的某些人要发生一些动摇和变化，也是很自然的”。于是，刘少奇写出了初稿，全文大约有4万多字。毛泽东看后大为振奋，欣然命笔：这篇文章写的很好，提倡正气，反对邪气，是一篇很重要的文章。的确，书中的许多阐释、认识，至今仍然闪烁着真理的光芒。例如：在解释什么是党性时，少奇同志写道：“党的利益高于一切，这是我们党员的思想和行动的最高原则。”他说，根据这个原则，在个人利益和党的利益不一致的时候，能够毫不踌躇、毫不勉强地服从党的利益，牺牲个人利益。为了党的、无产阶级的、民族解放和人类解放的事业，能够毫不犹豫地牺牲个人利益，甚至牺牲自己的生命。再比如，为什么要进行修养？少奇同志指出：“我们共产党不是从天上掉下来的，而是从中国社会中产生的。每个党员都是从社会中来的，并且今天还是生活在这个社会中，还经常和这个社会中一切不好的东西接触……会或多或少地带有旧社会的思想意识和习惯，这是不奇怪的。为了保持我们无产阶级的先锋战士的纯洁，提高我们的革命品质和工作能力，每个党员都必须从各

方面加强自己的锻炼和修养。”王首道回忆说：多年来，广大党员热爱这本书，甚至在硝烟弥漫的战场上，时常看到烈士的衣兜里被血迹染红的《论共产党员的修养》。焦裕禄，1964年去世时床头放着两本书，一本是合订本的《毛泽东选集》，一本就是《论共产党员的修养》。著名爱国将领续范亭看到此书后，大加赞赏，自己出钱印了上万册，广为散发……

薛琳老师用少奇同志在八大会议上的讲话作结语：“一个好党员、好领导的重要标志，在于他熟悉人民的生活状况和劳动状况，关心人民的痛痒，懂得人民的心；他坚持艰苦朴素的作风，同人民同甘苦共患难，能够接受人民的批评监督，不在人民面前摆任何架子；他有事找群众商量，群众有话也愿意同他说。只要我们的党是由这样的党员组成的，我们就永远有无穷无尽的、不可征服的力量。”

此时，我想起了1940年毛泽东的一段话：“我们是共产党人，是讲革命的，要革皇帝官僚的命，把旧世界打个落花流水。我们既然要革命、要和旧制度决裂，就万万不能沾染官僚习气……我们要养成一种新的作风——延安作风，我们要用延安作风打败西安作风（当时西安是国民党统治地区）。”我在想，面对这些领袖们的论述，我们能否把自己的思考调整到70多年前，能否真切地感受到其中所蕴含的深远的忧患意识呢？

在后面的小山坡上，散落着一排窑洞，这就是毛泽东、朱德、周恩来、刘少奇等领导同志们当年的住所。对这样的凿洞而居，张鼎丞曾这样描绘：延安的窑洞是最革命的，延安的窑洞有马列主义，延安的窑洞能指挥全国抗日斗争。在这里，我被三个小故事吸引住了。

一个是“补丁”的故事。在杨家岭毛泽东故居，展出了一张摄于1942年的照片：毛泽东穿着两条膝盖处都打有大块补丁的裤子，给八路军一二〇师团以上干部作报告。斯诺也有类似的记载，“我发现毛自己仍只有两套制服和唯一缀补过的大衣。他压根儿没有个人的财富”。

一个是“纸老虎”的故事。1946年8月，毛泽东在杨家岭窑洞前的小石桌旁会见了美国记者安娜·路易斯·斯特朗。针对当时流行的“恐美病”，毛泽东坚定地指出，“一切反动派都是纸老虎。看起来，反动派的样子是可怕的，但是实际上并没有什么了不起的力量”。

一个是“菜地”的故事。在小石桌的下方，当时“是一条清澈的小溪，溪水欢快地向前流着。溪水旁边，一块生长着西红柿、辣椒的菜地，郁郁葱葱，充满生机，这是毛泽东亲自耕种的菜地”。如今，顺着石桌往下看，依然可见毛泽东当年种过的菜地，菜蔬绿油油，长势喜人呢。

由是，我开始理解了斯诺当年的那段肺腑之言：他们（红军）坚韧卓绝、任劳任怨，是无法打败的。

29.3 王家坪

2015-6-10 傍晚 晴

太阳雨落下来。

来得真是时候，我们正坐在王家坪，体味延安时期共产党人的人格魅力，心里湿湿的。

王家坪，位于延安城西北方向，依山傍水，隔延河与延安城相望。党中央进驻延安后，军委和总部机关在这里领导根据地军民坚持了八年抗战。日寇投降后，又粉碎了国民党反动派的全面进攻。1947年3月18日，毛泽东、周恩来率部由这里撤离，转战陕北。

参观完军委礼堂、作战研究室，我们来到政治部会议室。1947年3月14日，也就是撤离延安之前，毛泽东在这里接见了新四旅的张贤约、黄振棠等负责同志。他们激动地表示，要誓死保卫党中央，保卫毛主席，保卫延安！毛泽东笑着说：你们的这种决心很好，延安是要保的。我们在延安住了10年，挖了窑洞，吃了小米，学了马列主义，培养了干部，指导了中国革命，全中国、全世界都知道有个延安，延安不能不保。但是，延安又不可不弃……今天放弃延安，就意味着将来要解放西安，解放南京，解放全中国。

毛泽东把他们送到门口，又笑言：大家下次在哪里见面呢？可能不是延安了，也许是南京、上海或者是北平吧！

真是充满了乐观主义精神。这就是魅力！

往前走几步，就是毛泽东旧居了。屋前有一石桌，不大，很牢靠。就是围着这个石桌，毛泽东告诉毛岸英，“你莫斯科大学毕了业，但学的都是书本知识，你还需要进另一所大学。这所大学，外国没有，它叫劳动大学。在这所大学毕了业，才算真有知识”。第二天，毛岸英就到了几十里外，与农民同吃同住同劳动，开荒，背粪，施肥，什么活儿都干。

如今，我们也在大树下，面朝窑洞，围石桌而坐，听王健教授专题讲授“共产党人的魅力”。他娓娓道来，妙趣横生，不是撒胡椒面，而是集中讲了两个人的小故事——

一个是任弼时。“他是我们党的骆驼，中国人民的骆驼，走着漫长的艰苦道路，没有休息，没有享受。” 党的七大之前，他就患有严重的高血压病，党中央一再要他注意休息，但他始终带病工作。他是著名的“一怕工作少，二怕花钱多，三怕麻烦人”的“三怕”干部。他常说：我们都是共产党员，肩负着革命的重担，能坚持一百步，就不应该走九十九步。他担任中央秘书长时，正值陕甘宁边区经济最困难的时候。他向三五九旅的王震要了一部纺车，工作之余，就像村妇一样盘腿而坐，练习纺线。1943年，他参加中央机关在杨家岭举行的军民纺线比赛，获得了第一名。他正派公道，在原则问题上从不让步。一次，一位领导的家属买了些不该买的东西要求中央特会科报销，并大吵大闹，他支持管财务的同志坚决顶住，

不予报销。他注重调查研究，为了获得土改情况的第一手材料，带病坚持到米脂县杨家沟周围的三十几个村庄进行调查，详细了解农民对土改的意见，对纠正土改中存在的问题，使土地改革运动走上健康发展的道路，发挥了重要作用……《骆驼之歌》寄托了人民对他的怀念与崇敬：穿过岁月的风风雨雨，走出沙漠的坎坎坷坷；奔向疆场的硝烟烽火，塑造英雄的高尚品格。

一个是王稼祥。1933年4月27日，王稼祥遇到空袭，弹片炸穿了肠子，耳膜也被震破。在没有任何麻醉的情况下，他忍受剧痛，硬是接受了8个多小时的手术，当时人称胜过关公刮骨疗毒。同年秋，他腹部通着管子，坐着担架参加了长征。过雪山草地时，他肠子流脓，甚至爬出蛆虫……他忍痛赶写出了《中国共产党与中国民族解放的道路》一文："中国民族解放整个过程——过去现在与未来——的正确道路，就是毛泽东同志的思想，就是毛泽东同志在其著作中与实践中所指出的道路。毛泽东思想就是中国的马克思列宁主义，中国的布尔什维克主义，中国的共产主义。”他在文中第一次提出了“毛泽东思想”这个概念。客观讲，他生命的后40年，就是同伤病斗争的40年。他被中央军委评为一等残废，按规定每月可领取几十元的残废金，但是他从来没有领过，更不允许家属代领。每月报销前，他都亲自检查一个月的花费账目，看看有没有超支的情况。

在七大选举中央委员时，很多代表不了解王稼祥在遵义会议上的贡献和延安时期参与中央重大决策、起草中央文件的重大贡献，但对他在中央苏区时期的教条主义错误却很了解。种种原因，王稼祥得了204票，不足半数，落选了。对此，他泰然处之：“没有什么，我没有选上还好一点，我的身体不好，选上做不了更多的工作，也不好。”毛泽东亲自为他做工作：“昨天选举中央委员，王稼祥没有当选，所以主席团把他作为候补中央委员的第一名候选人，希望大家选他。”而且，直到看着王稼祥的票数过半，毛泽东才离开会场……25岁就担任中央军委副主席、总政治部主任，28岁当选政治局候补委员，29岁成为党的三人军事小组成员的王稼祥，一生经历了太多的跌宕起伏，但他始终顾大局、识大体。1956年党的八届一中全会上，王稼祥被选为中央书记处书记之后，心里很不安，明确向中央提出：接受这个重任，我有愧，请党中央把这个位置让给比我对党更有贡献的同志来担任，因为30年代初期，我犯过教条主义错误。毛泽东多次评价王稼祥：只讲过，不讲功，对革命有大功。

王健教授讲了一个又一个小故事，绘声绘色，有理有据。随着他生动的讲述，共产党人的形象，在我眼前愈发高大、伟岸起来——

他们把工作、组织、责任看得重，把利益、个人、地位看得轻；把自己的缺点看得很大，把自己的功劳看得很淡；心里装的全是人民，唯独没有自己……历百折而不挠，处逆境犹自强，只有具有这样品格的共产党人，才能带领中国人民走向繁荣富强。

也在想：连伟人的一生都充满了那么多的蛇行斗折，千回百转，我们一个平凡人平时吃点苦、受点挫又算得了什么呢？能咽下多少苦痛，决定了能成就多大的光荣。那么，人生除了各种优秀的态度之外，是不是还应该有一种达观的态度——“不戚戚于贫贱，不汲汲于富贵”、“风力掀天浪打头，只须一笑不须愁”。

29.4 《延安保育院》

2015-6-10 晚 晴

山丹丹花儿红红

河水流向远方

宝贝宝贝快快睡

妈妈爱你

……

大家都眼圈儿红红的，拼命鼓掌，一遍又一遍。这是对《延安保育院》演出的褒赞，也是向红色延安精神致敬。

今天晚上，学院组织到圣地大剧院，集体观看全国首部大型红色舞台剧《延安保育院》。

说起延安保育院，大家并不陌生。民族存亡之际，无数抗日志士奔赴前线，英勇捐躯；大量党的领导和骨干因为工作，无暇顾及子女的抚养和教育。为解除他们的后顾之忧，培养民族未来的主人，中国共产党人决定把这些儿童集中起来，创办专门的学校来教育、照看。1938年7月，由进步人士、社会团体和陕甘宁边区政府发起成立了陕甘宁边区儿童保育院。

《延安保育院》是第一部真实反映延安保育院历史缩影的舞台作品，

是在收集了300位亲历者第一手资料的基础上创作的。该剧通过“回家”、“成长”、“转移”、“东渡”四幕生动讲述了中国革命战争时期，一支红军部队遭遇敌军袭击，战火中遗留的孩子被送到延安保育院，与其他孩子一起健康成长的故事，集中展现了延安保育院在中国革命战争历史时期的生动景象。该剧开演三年来，已累计接待观众30万多人，成为延安一张闪亮的红色名片。

我坐在第九排中间位置。大幕拉开——历史的画面被定格在1937年抗战初期那个特定的时空，红军遭遇激战。战火中，英勇的生命像海浪一般奔流不止，一个人倒下了另一个人继续冲锋，一群人倒下了又一群人接踵而至，英雄的母亲保护着襁褓中的婴儿壮烈地走完了自己的征程……

第一幕“回家”感天动地——延安保育院，像一位慈母，用博大的胸怀，守护着这些为了民族解放事业而浴血奋战的革命者的后代，为这些弱小的生命撑起了一片爱的天空。

第二幕“成长”充满了浪漫主义情怀——“又学习，又玩耍”，在党中央、毛主席的关心爱护下，孩子们在保育院丢手绢、滚铁环、学纺线、跳圈舞、趴战壕……

第三幕“转移”惊心动魄——战事告急，上级指示保育院所有人员必须立即转移。为了带走烈士的遗孤，保育院院长忍痛将自己的女儿小红霞留给了老乡。路漫漫，孩子们在风雪中转移……

第四幕“东渡”撼人心灵——战斗打响，放羊老人为救小红霞壮烈牺牲。转移的队伍来到黄河边，战士们跳入水中，用身躯抵挡住炮火，用大爱坚守生命的小船。院长为救落水的孩子宏远永远消失在黄河中，宏远撕心裂肺地喊出了世上最动听的两个字：妈妈!

妈妈，妈妈，妈妈……

大河浩荡，大爱无疆，大美保育院！无私的百姓心，无言的教师情，无畏的战士魂，感人至深。

剧终，大家的讨论真诚而炽热——“我们太需要这样思想性、艺术性都很强的作品了”、“它感人在真实、细节，看了就想掉泪”、“这样具有生动表现形式、深刻精神内涵深厚历史底蕴的好作品应该全国巡演”、“它是延安精神的独特诠释”……

没有更好的表达，只有朴素的感动——真实，更充满艺术的美。如果我们的生活中，多一些这样真实的精品力作，少一些“假大空”，一定会让大家的精神世界更美好。

30.1 大课

2015-6-11 上午 晴

今天是大课，三个班一起上。

早早赶到大教室。忽然看到老同事傅汉荣发的微信：如果赏我一段生命，我会简单装束，伏在阳光下，袒露的不仅是身体，还有我的魂灵。我可能不会说出我心中的一切所想，但我必定会思考我所说的一切——马尔克斯。

心有所感。马尔克斯是20世纪最有影响力的作家，诺贝尔文学奖得主，其代表作《百年孤独》曾风靡全球。他的那句“我会少睡觉，多思考。因为我知道，每当我们闭上一分钟眼睛，我们也就同时失去了60秒”，也曾被我当作座右铭，鼓舞了我很多年。

上课，思绪被拉回课堂。戴焰军教授走上了讲坛，他是中央党校党建教研部副主任、博士生导师、享受国务院政府特殊津贴专家，党建理论的权威。

戴焰军教授讲的是《关于加强党性教育的几个问题》，分为三个部分——

一、加强党性教育的必要性。（一）强调党性教育是优良传统。这是由党员成分的复杂性、革命道路的复杂性、革命任务的艰巨性决定的。（二）党性是党的作风的根基。党风关系党的生死存亡。（三）党性教育是新条件下斗争的要求。我们面临着各种思想文化观念侵袭的可能性，以及各种新的考验、挑战、危险。（四）党性教育是新的任务要求。“四个全面”是对我们党执政能力、党员素质、党组织建设、党整体战斗力的全面要求。（五）党性教育是党员成长的基础教育。党性观念是组织观念、纪律观念、责任观念、全局观念、道德观念、群众观念等的总概括，是党员做到“三严三实”的思想基础，是党员在复杂环境下健康成长的内在保证。

二、党性教育的重要内容。（一）坚定信仰和理想信念。信仰和理想信念是党员个体工作的动力源，是党员在各种复杂局面下保持定力的基石。（二）加强党员个体道德教育。道德修养是一种人的内在自觉约束，是党员应对各种新考验的基本要求。（三）加强科学理论教育。理论清醒是行为正确的基础。（四）强化遵守党纪党规意识。严格党规党纪是保持党的团结统一并具有战斗力的基本条件，党员政治纪律观念是党员对组织忠诚度的体现。（五）努力培养敢于担当精神。敢于担当是共产党人应该具备的优秀品质。（六）保持清正廉洁的品质。清正廉洁是执政党党员掌权用权的基本要求。

三、党性教育的途径方法。（一）读书学习是重要途径。（二）向古今中外楷模学习。（三）注意虚心向群众学习。（四）在实践中学习修养。（五）健全党内政治生活制度。（六）把重大理论问题解决好。

戴教授的讲课视野开阔，深入浅出，引人入胜。比如讲到政治纪律观念是党员对组织忠诚度的体现时，他举了个例子：20世纪30年代肃反扩大化时，有人被冤枉，临刑前还请求“用刀，不要用枪”、“省下一颗子弹去打敌人”。耿耿忠心，铮铮铁骨，感天动地。

做官先做人，做人先修身。胡耀邦曾将南阳武侯祠的对联改为“心在人民，原无论大事小事；利归天下，何必争多得少得”，我觉得此联可作党员修身之明灯。

30.2 小结

2015-6-11　下午　晴

今天下午，写学习小结。

每个人都很认真。听王军说，他从五个方面深刻剖析了自己，触及了灵魂深处；钱江也告诉我，他写了诗，反复修改，准备放到总结里；刘延军因为明天要代表小组发言，更是字斟句酌，一遍遍改……

我不敢有丝毫懈怠，整整一个下午都猫在房间写。小结如下——

学习小结

惠普尔说：书籍是屹立在时间的汪洋大海中的灯塔。这个月，我就是奔延安而来，向灯塔而去。

延安寻根，从心出发。30天里，我牢记朱熹“为学读书，须是耐心”之训，以“睹一事于句中，反三隅于字外”之法，向老师学、向同学学、向社会实践学，受益匪浅。这是我人生中最美好的一段时光，感恩中国延安干部学院。

年轻干部党性教育专题研修班和其他培训最大的不同有两点：一是目标极其明确，就是来围绕“加强党性修养、坚定理想信念、保持优良作风”主题开展一系列研修的；二是方法明显不同，学院用好、用活延安的宝贵精神财富，采用了课堂讲授、专题讲座、现场教学、分组研讨、学员讲坛、激情教学、情景体验、课程选学、案例分析、音像教学、社会实践、交流互动、主题辩论、跨组研讨、经验交流、研讨总结、大讲堂、自学等一整套培训方式，我个人称其为“延安教学十八式”。这两点，我深有体会，这是我40年来从未有过的经验。我想，它帮助我“提了神、聚了气、壮了筋骨”，帮助我找到了一些“密码、钥匙、武器”，对我以后的人生路大有助益。

“我愿在每一个美好思想的面前停留，就像在每一条真理面前停留一样”。一个月里，我大致在三个“殿堂”里流连忘返——

一是学习经典。恩格斯曾指出：“要根据原著来研究这个理论（指唯物史观），而不要根据第二手的材料来进行研究”、“对于那些希望真正理解它的人来说，最重要的却正好是原著本身”，毛泽东讲“马克思主义的‘本本’是要学习的”。基于此，我认真学习、研读了一些经典原著，如《毛泽东选集》、《延安时期党的重要领导人著作选编》、《习近平谈治国理政》等等。不是囫囵吞枣、蜻蜓点水，而是一字一句读，一点一滴学，在冥思苦想中接近光明。通过学习，我进一步掌握了马克思主义的世界观、历史观和方法论，进一步认识了人类社会的发展规律，进一步增强了党性修养，进一步夯实了群众观，进一步坚定了共产党人的精神追求。

二是党性锻炼。应该说，在这里的每一天，我们都在接受党性锻炼——课堂讲授、专题讲座、学员论坛、案例分析、主题辩论……最难忘的，是全班整整五天踏访陕甘边革命根据地。我们瞻仰了纪念馆，聆听了讲解，敬献了花圈，党性得到深深锤炼。由此，更加坚定“全心全意为人民服务”的宗旨意识，从思想深处弄明白了“我是谁，为了谁，依靠谁”的终极课题，知道了“人民”二字的分量；更加坚信习近平总书记对中华民族复兴之路的三个概括——中华民族的昨天可以说是“雄关漫道真如铁”，中华民族的今天正可谓“人间正道是沧桑”，中华民族的明天可以说是“长风破浪会有时”；更加认同三个“牢记”——“全党同志必须牢记，落后就要挨打，发展才能自强”、“道路决定命运，找到一条正确的道路多么不容易，我们必须坚定不移走下去”、“要把蓝图变为现实，还有很长的路要走，需要我们付出长期艰苦的努力”；更加理解“中国梦”、“群众路线教育实践活动”、“四个全面”、“三严三实”；更加自觉改进自己工作的不足，努力让自己的“政绩观归位、责任心再造、理想信念坚定”。

三是社会实践。学院安排了六个教学模块：“习近平总书记系列重要讲话精神”教学模块、“历史认识”教学模块、“理想信念”教学模块、“群众路线”教学模块、“作风建设”教学模块、“党性剖析”教学模块。其中，贯穿了多次社会实践。如到梁家河实地探访知青点，到延安新区了解今日延安新面貌，到南泥湾体验大生产，等等。通过实践，我深刻认识到，群众路线的“传家宝”不能丢，延安精神不能丢，“三个自信”不能丢。不但不能丢，而且要进一步弘扬。通过实践，我深刻领悟到，习近平总书记的系列重要讲话为我们在新的起点实现新的奋斗目标提供了基本遵循，是我们在新的形势下做好各项工作的强大思想武器，对坚持和发展中国特色社会主义具有十分重要的意义。

我珍惜每一堂课，珍惜每一次交流，珍惜在这里的每一天……我写了十多万字的学习笔记，准备结集出版，暂名为《延安笔记　寻找精神密码》。也算是“捧着一颗心来”、“结出一个果去”吧。

此时，我情不自禁地想起祁念曾的诗歌《延安，我把你追寻》：

像翩翩归来的燕子，
在追寻昔日的春光；
像茁壮成长的小树，
在追寻雨露和阳光。
追寻你，延河叮咚的流水，
追寻你，枣园梨花的清香。
追寻你，南泥湾开荒的镢头，
追寻你，杨家岭讲话的会场。
……
啊！延安，我把你追寻，
追寻信念，追寻金色的理想；
追寻温暖，追寻明媚的春光；
追寻光明，追寻火红的太阳！

由衷地说：如果可以，中国延安干部学院，我想再来一次！

31.1　作别延安小米粥

2015-6-12　早晨　晴

今天起了个大早。

四点多，就在校园内散步。下午4：20要离开了，留恋在这里的美好时光，每一分每一秒。此时，天空如此蔚蓝，空气如此澄净，一院子的杏儿黄，一院子的苹果香，一院子的鸟语蝉鸣，仿佛真的回到了历史影像中的“延安时代”……

波普尔说过：我所追求的全部知识，只是为了更充分地证明，我的无知是无限的。这也是我此刻的心境。此去，必将勤补拙，牛角挂书，朝斯夕斯。

同学们也都起得早。丁以绣“依依不舍，回顾四望，心中怅然，奉上顺口溜，特表惜别情”。

理由

——作别延安的小米粥有感

太阳东升西落

万有引力给出了理由

人生花开花谢

佛说轮回给出了理由

电脑更新迭代

Gordon Moore给出了理由
文明发展进步
大胡子Karl Heinrich Marx给出了理由

啊，巍峨的延安宝塔
您高超碧落，视越千载
请告诉我——
疲惫不堪的叫花子
在13年打下江山的理由
刚强坚毅的热血青年
爬也要爬到延安城的理由
一呼百应的南洋华侨领袖
发出中国希望在延安的震耳发聩之声的理由
深孚众望的饱学之士
窑洞对出破解历史周期率的理由
抛弃优渥生活的高鼻子黄头发的悬壶济世者
在非人的艰苦环境中奉献生命的理由

啊，静穆的延安宝塔
您俯视红尘，看惯秋风
请告诉我——
陕甘边烽火硝烟、70余次屡败屡战的理由
20岁的娃娃受爱戴、茹毛饮血不退缩的理由
我可爱的白灵支撑着列宁小学、为亲者坑埋的理由
人民英雄失去左膀右臂不内讧、见到祸害不躲避的理由
从权力核心走到了人生边缘的边缘、从不计个人得失的理由

啊，无语的延安宝塔
请开口说话吧，这些都是您亲眼见到的呀
在山沟里打转转，怎能写出百篇雄文
奏出风流人物看今朝的雄浑乐章呢
在塬梁峁沟川枝里，怎能供养百十万大军
创造火热的生活呢
在落后的农民里如何建设先进的无产阶级共产党呢
沿着共产国际的光辉大道怎敢怎会怎能另辟蹊径呢
由此上溯千万人
宁留多余的话绝不屈膝的理由
宁笑迎枪弹绝不爬出狗洞的理由
宁客死江津绝不收课本编撰费的理由
宁无数次忏悔绝不轻悔初衷的理由
宁鞠躬尽瘁数十载绝不一丝懈怠的理由
还有
在江夏玩杂耍以小丑终结生命的理由
恋十里洋场红尘像犹大作为转瞬毙命的理由

宝塔不言，直指蔚蓝的天空
延河细流，难洗一身浮尘
30天机锋激辩
到处是见招拆招的妙语
30天聆听深思
感悟万物有因的真谛
听
谁在幡然作答直指人心——

不要问有局部执政何能做到全国执政
历史已做出了必然的选择
不要问部分富裕了何能做到共同富裕
人民的意志必然矫枉所有的指针
不要问马上得之何能马下治之
舍我其谁谁能担当
不要问基尼倒挂何能民族崛起
中国之梦从来没有这样真切可期

别了，延安的小米粥
无边无际的蓝天白云
绿树成荫的杨家岭、王家坪、南泥湾、梁家河、南梁、照金、枣园……
别了，我们转了多少圈的校园、美味的餐厅、乒乓球场
别了，多少个坐对窑洞著作的夜晚
还有亲爱的师友，最是那三组山河（注）
不要再不断地追问
不要将空谈挂在嘴边
不要将埋怨任意挥洒
离前辈的身影何止千百步
灵魂的距离更是万万千千
怀为民之心
行求实之路
行胜于言
这就是宝塔无言的棒喝
这就是万众瞩目的清凉山给出的答案

（注：作者丁以绣所在三组名为“山河”。）

写得真好！高屋建瓴，静水流深，收存。

赵安华也以书法寄怀：延安一月锤党性，受益终身结真情。真是劲骨丰肌，唾玉钩银，好字！

刘岱，一如往日的内峻外和，温润而泽，深情留言：聚是一团火，散作满天星。

盛刚则作《七律·延安抒怀》：枣园正是春光好，延河圣地展红篇。两点一存无限功，七大红旗擎新天。梁家河畔忆华年，群众路线接力传。四个全面再上路，从今筑梦敢担肩。

钱江，已是延安诗作之三——《致中延院》：破冰妙笔学堂暖，实事求是天地宽。寸草春晖桃李情，社燕秋鸿何日还？

天色大亮，同学们的寄语和祝福，开始在微信群里翻飞，目不暇接，如沐春风……

31.2　最后一课

2015-6-12　上午　晴

最后一课，压轴。

没想到，今天轮到我主持了。学院的每节课，都由学员轮流主持，既创新了形式，也小小锻炼了学员。

我介绍了今天主讲《共产党人的党性与党性锻炼》一课的刘益飞老师：成都市委党校教授，全国党建理论研究领域著名学者，是国务院特殊津贴获得者，在党内最早系统论述“党员主体问题”，首创“党员主体论”，获得中央重视，为十七大确立“尊重党员主体地位”做出了贡献。

刘益飞教授认为，党性问题是党的建设中一个带有根本性的问题，目前进行的“三严三实”教育就属于党性教育范畴。我们对党性及党性锻炼，确实还存在着一些认识误区和未知领域，需要进一步搞清楚。

刘教授的讲授分为两个部分：

一、究竟什么是党性。刘少奇认为：共产党员的党性，就是无产阶级性最高而集中的体现，就是无产阶级利益最高而集中的体现。（一）党性与人民性在本质上是一致的、统一的。今天党性主要是以人民性为基础、为主导的。共产党的党性，就是在人民性的基础上，体现共产党人特殊品质的基本属性。党性锻炼的核心内容就是努力做到全心全意为人民服务。（二）理想信仰：党性的一个基本要求。（三）对共产党员党性的主要要求。概括讲就是共产党员的三个基本态度：对待人民的态度—— 一事当前，人民至上；对待真理的态度——对理想信仰的科学认知，对实事求是的执着追求，在真理面前人人平等的宽广胸怀；对待党的态度——不仅要忠实地履行对党的义务，也要认真地行使党员权利，清醒地实践和维护党员主体地位。

二、党性锻炼的时代要求。党性锻炼，就是共产党员按照党性的要求，自我修养、自我改造、自我提升的过程。（一）始终坚持解放思想，

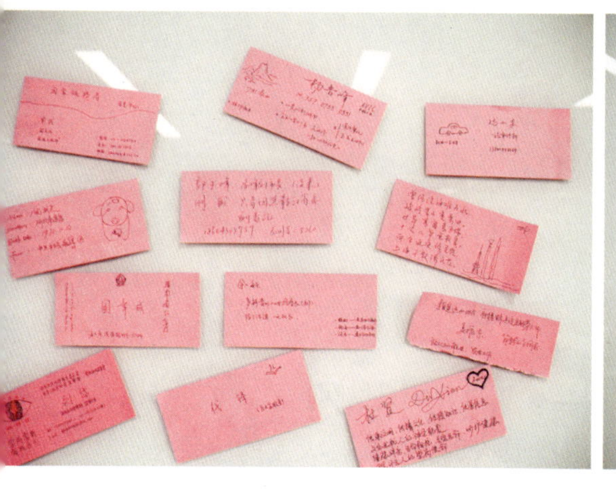

实事求是；（二）永远同人民站在一起；（三）正确对待和处理利益问题；（四）强化党员主体意识，权利义务两坚持；（五）崇尚和实践体现人类文明进步意义的基本价值。

刘教授讲的两个细节，给我印象深刻：

一是陈毅的《七古·手莫伸》。“岂不爱权位，权位高高耸山岳。岂不爱粉黛，爱河饮尽犹饥渴。岂不爱推戴，颂歌盈耳神仙乐。第一想到不忘本，来自人民莫作恶。第二想到党培养，无党岂能有所作？第三想到衣食住，若无人民岂能活？第四想到虽有功，岂无过失应惭怍……”这首诗流畅易懂，现在以至将来都能给人以启迪和警示。

二是张恺帆写在囚墙上的《龙华诗》。“龙华千古仰高风，壮士身亡志未穷。墙外桃花墙里血，一般鲜艳一般红。”面对敌人的威胁利诱，他坚持斗争。狱方给他的评语是：冥顽不化，不可救药。

这就是党性，这就是坚守精神追求——共产主义信仰。人类社会发展史表明，有信仰的生活往往是一种更高尚、更有期待、更有价值的生活。

我拿起话筒小结：刘益飞教授今天给我们上了精彩的一课，其讲授深入浅出，例举丰富，针对性强，既有理论高度，又有实践深度……我提议，大家以热烈的掌声感谢刘教授！

掌声如潮。

31.3　结业式

2015-6-12　下午　晴

社燕秋鸿，三叠阳关，同学情谊重。

下午，是结业式。窗间过马，尺璧非宝，真真寸阴是惜啊！

中组部先发放了教学评估表，大家填得很认真。我想，大家的感受是

第3期年轻干部党性教育
专题研修班
结业式
陈燕楠

一样的：受益匪浅，感佩交并！

接着，是全班学习交流。

刘延军代表本组（四组）发言。他说得很朴实，来中延院，三点收获：心灵被深深震撼，党性被深深锤炼，担当被深深强化。周武光代表一组发言，脱稿讲：这里是心灵落脚点，行动出发点……李国军代表二组发言：来这里学主义、学作风、学精神，此后脚印更紧密地和延安联系在一

起，念念不忘，必有回响。高桂鸿代表三组发言：今天，是一名中延院的学生，将来，希望做一名延安式的干部。她还将自己的两幅画作，敬献给了学院。高桂鸿的国画，既宗法传统又循当代之美，无烟火气，有空灵韵，真好。

班长代锋，代表全班总结："我们在宝塔山上重温入党誓词，在延河岸边感悟奋斗精神，到纪念馆缅怀先辈事迹，向四八烈士敬献崇敬哀思，全面认知党中央在延安十三年的光辉业绩，梳理从井冈山到延安、从延安到北京的脉络历史，遥想革命圣地当年的蓬勃激情和无穷魅力，思考'靠小米加步枪而得天下'的原因和真谛。面对延安这座巨大的思想宝库，我们目不暇接，心驰神往，尽可能地汲取养分和动力，领会延安精神的时代价值，牢固树立马克思主义历史观，更加清醒地认识到当代共产党人的历史责任和人生价值……”真不愧是大笔杆子，真不愧是班长，吐胆倾心，曲尽其妙。专门要了他的发言稿，收存。

学院常务副院长陈燕楠上台讲话。他给大家以肯定：“大家既有对总书记讲话精神的全面把握和深入领会，又有对党中央在延安13年历史及其培育形成的伟大延安精神的全面认知；既增强了党性修养，坚定了理想信念，又增强了保持优良作风、做好工作的责任感和使命感；既升华了对延安的圣地情怀，也收获了深厚的同学友谊，达到了培训的预期目的。”他更给大家以叮咛：“今后要弘扬延安精神，保持优良作风，做党和人民满意的好干部……”推诚爱物，语挚情长。据介绍，下周一，他就要回中组部工作了，这是他最后一次以常务副院长身份给学员讲话（注：6月15日上午，学院召开教职工大会，中央组织部副部长潘立刚宣布：李国喜任中国延安干部学院常务副院长），大家备受感动。他还给大家颁发了由中央政

中国延安干部学院第3期年轻干部党性教育专题研修班 2015.5.29

治局委员、中组部部长、中国延安干部学院院长赵乐际签发的结业证书。

班主任马广荣和大家朝夕相处，是大家尊敬的老师、知心的兄长、要好的朋友。他在主持发言中，给了大家很多鼓励：学制最长，但大家克服了各种困难坚持学习；班委认真负责，把全班带成了全院的标杆；全班学习氛围浓厚，学习成果丰硕；学员与学员之间、学员与学院之间，结下了深情厚谊。

“一次延安行，一生延安情”，班主任的话，把大家说得心里暖暖的，眼角湿湿的。

于是，我看见河梁之谊，我看见迟迟吾行，我看见十里相送……我看见深情在蓝天、深情在延安、深情在中延院！

31.4 班级总结

■ 班长　代锋

充实美好的日子总是过得太快。破冰活动仿佛就在昨天，转眼就到了说再见的时刻。

2015年5月14日，48名似乎并不太年轻的年轻干部，从五湖四海齐聚革命圣地，开始了30天的学习生活。

一个月来，我们始终把学习习近平总书记系列重要讲话精神放在首要位置，深刻领会“四个全面”的丰富内涵，努力把握中国道路与中国梦的本质要求，全面理解 “三严三实”的实践品质，进一步增强了理论自信、道路自信、制度自信。

我们在宝塔山上重温入党誓词，在延河岸边感悟奋斗精神，到纪念馆缅怀先辈事迹，向四八烈士敬献崇敬哀思，全面认知党中央十三年的光辉业绩，梳理从井冈山到延安、从延安到北京的脉络历史，遥想革命圣地当年的蓬勃激情和无穷魅力，思考“靠小米加步枪而得天下”的原因和真谛。面对延安这座巨大的思想宝库，我们目不暇接，心驰神往，尽可能地汲取养分和动力，领会延安精神的时代价值，牢固树立马克思主义历史观，更加清醒地认识到当代共产党人的历史责任和人生价值。

我们沿着刘志丹、习仲勋等革命家的奋斗足迹，赴照金、下马栏、驻南梁，穿越陕甘边，行程2600里，踏访根据地的山山水水，体验先辈在困难与失败面前的顽强、在诱惑与挫折面前的刚毅，感受“革命理想高于天”的豪情，真正在精神上补了一次钙，更加牢记中国革命的胜利就是理想信念的胜利。

我们紧紧围绕“我是谁、为了谁、依靠谁”的终极课题，到边区政府旧址探寻“只见公仆不见官”的现象，在张思德塑像旁感悟为人民服务的主张，实地走访梁家河，理性思考“耿飚之问”，从历史和现实的多个维度，加深理解党的宗旨，更加认识“全心全意为人民服务”永远是共产党人政治标准、党性标准和道德标准的有机统一。

我们深入思考保持党的先进性这个现实问题，走进杨家岭、枣园和王家坪，夜宿南泥湾，探访农家院，重读《论共产党员的修养》，领会整风精神内涵，体会劳动的快乐和艰辛，领略领袖们的人格魅力，更加确信要把“实事求是”这个精髓、“艰苦奋斗”这个传统，作为我们立身立业的根基，永守共产党人的精神高地。

我们充分利用论坛研讨等有效平台，交流各个行业的基本情况和前沿动态，研讨共同面临的理论和实践问题，阐发个人的所思、所悟、所感，碰撞出许多思想的火花，真正达到了开阔视野、开拓思路、互通有无、凝聚共识的目的。

一个月的时间是短暂的，但正如有的同学所说，这次学习经历，既是重温革命历史、感悟延安精神的一次难得机遇，更是对我们理想信念、党性党风的一次全面洗礼。从此，延安精神更加深深扎根在我们心里，更加成为激励我们砥砺前行的强大动力。

回顾一个月的学习生活，我们深深感受到，干部学院正确办学理念和合理课程安排，是这次学习取得实效的根本前提。学院坚持紧扣主题、发挥优势、体现特色的办学思路，充分依托延安及周边地区丰富的教学资源，综合运用课堂讲授、现场教学、情景体验、交流研讨等多种方式，有效激发我们的学习热情，使我们做到了理论上有提升、心灵上有触动、思想上有收获。中国延安干部学院，不愧是干部成长道路上的顶级“加油站”，不愧为全国干部教育培训体系中的“国家队”。

我们深深感受到，学院领导和老师的重视关心，是这次学习取得实效的重要保障。陈燕楠副院长亲自联系本班，多次直接参加活动、答疑解惑，让我们深为感动。各位任课老师的深厚理论功底、严谨治学态度和良好师德师风，让我们心悦诚服。特别是，马广荣主任和郭睿、杨珍三位老师，与我们同学习、同劳动，贴身指导，朝夕相处，不仅是我们学习上的良师，而且已经成为生活中的挚友，为我们班付出了最多的心血和汗水。我提议，让我们用最热烈的掌声，向陈院长和三位老师表示衷心的感谢！

我们还深深感受到，严谨的学风和认真的态度，是这次学习取得实效的内在原因。各位学员真心珍惜这次学习机会，迅速实现从领导干部到普通学员、从工作到学习、从家庭生活到集体生活的转变，严格遵守学员守则，全心投入校园生活，“团结、紧张、严肃、活泼”的抗大校训在这里得到了充分实践和体现。大家的理论素养、良好作风、好学态度，令我十分钦佩和感动。我们完全可以作一次自我评价，我们是合格的乃至是优秀的中延院学员。

离别就在眼前，空气中似乎也弥漫着浓浓的留恋和淡淡的惆怅。这几天，一首老歌经常在我耳边盘旋：“从来不需要想起，永远也不会忘记。”我们不会忘记，余敏、黄玲、徐春芳、高桂鸿、张晔“五朵金花”的聪慧和美丽；我们不会忘记，夏校长、彭校长、杜总编、赵主任这些老大哥的宽厚睿智；我们不会忘记，郝向宏、关威、杨鲁峰、贺少琨几位小老弟的精湛球技；我们不会忘记，丁以绣、卢洪早、姜道安、孙宝东风雨无阻、绕院疾走的英姿；我们不会忘记，上海党校校长的学识，辽宁农委主任的渊博，桐城、田东两位县委书记的果敢，还有几位团委领导的青春活力、几位纪委同志的沉稳刚毅；我们不会忘记，在香港、澳门特别行政区工作的亲密同志，在雪域高原、版纳边陲、太湖湾畔、松花江边、南海椰林到处都有我们的兄弟；我们不会忘记，王宏伟同学永不停歇的照相机，高原同学永远准点的日程提醒，董安宁同学永远爽朗的笑声，还有资深媒体人李宜航不知道何时兑现的咖啡、牛肉面和音乐会的贵宾席。

我相信，在这里的点点滴滴，都会成为我们人生中美好的记忆，值得我们永远铭记；我相信，中延院三期虽然从此天各一方，但我们的友情一直在这间教室里，从来不曾远离。

最后，我作为即将卸任的班长，代表即将完成历史使命的班委会，向各位同学对我们的宽容、帮助和支持，表示最衷心的感谢，向大家致以最真诚的祝福。祝大家一路顺风，家庭幸福，工作顺利！

31.5 在第3期年轻干部党性教育专题研修班结业式上的讲话

■ 中国延安干部学院常务副院长　陈燕楠

各位学员、同志们：

大家下午好！

第3期年轻干部党性教育专题研修班，经过30天的紧张学习，今天就要结束了。开班时授予的班旗经全体学员的签名，已经收回学院永久保留。刚才我们分享了4位学员代表的学习体会和班长的总结发言，我很受感动，为大家感悟及表现出的对革命圣地延安的深情和对学院的感情所感动。在30天的学习与思考中，大家既有对总书记讲话精神的全面把握和深入领会，又有对党中央在延安13年历史及其培育形成的伟大延安精神的全面认知；既增强了党性修养，坚定了理想信念，又增强了保持优良作风，做好工作的责任感和使命感；既升华了对延安的圣地情怀，也收获了深厚的同学友谊，达到了培训的预期目的。在此，我代表学院对大家圆满完成学习任务、顺利结业表示衷心的祝贺！

本期培训班能够顺利进行，有三个方面原因：

一是各方面的重视与支持。年轻干部党性教育专题研修班是中组部在学院安排的一个重要班次，也是学院培训时间最长的一个独立设置班次。长期以来，中组部对这个班给予了高度重视，多次提出具体要求。学院对这个班次也是精心准备，细心安排，在培训方案设计、教学资源配置、师资力量配备、培训组织管理、后勤服务保障等方面，全力以赴，努力为大家创造良好的学习环境，使大家学有所获，不虚此行。

二是得益于延安所特有的红色资源优势。学院地处延安，拥有丰富的革命历史资源。党中央在延安十三年的历程谱写了辉煌的历史篇章，党中央在这里探索了中国革命发展的道路，积累了丰富的执政经验，培育形成了伟大的延安精神，这些都是我们成功地开展党性教育的独特资源。很多学员表示，在历史的发生地重温党的历史，在理论的原创地学习理论，在延安精神的发祥地领会延安精神，确实达到了震撼心灵、净化灵魂、提升境界的效果，使人终生难忘。

三是得益于大家严格要求自己，展现出良好的学风。尽管大家在院学习任务非常繁重，但各位学员能够严格要求自己，遵守中央组织部《关于在干部教育培训中进一步加强学员管理的规定》，遵守学院规章制度，积极参与各项培训活动。设计特色名片、组名、组徽、组歌和小组口号，开展有效“破冰”活动；学员讲坛，相互交流各自工作的好做法、好经验；主题辩论会，辩词精彩、论证谨严、应答睿智、点评精到，展示学员风采；踏访陕甘革命根据地，感悟老一辈革命家的“革命理想高于天”；六一前往杨家岭红军小学为老区献上一片爱心，还与在院的甘肃中青班交流研讨，切磋球艺……在30天的时间里，大家始终保持良好的精神状态和浓厚的学习兴趣，潜心学习、深入思考，表现出勤奋学习、勇于探索、求真务实的良好学风，给学院教职工留下了良好印象。昨天几位学员代表参加教学评估座谈会，对我们教学和学院的工作提了很多很好的建议。在此我代表学院衷心感谢大家对学院工作的支持和帮助。

大家知道，十八大以来，习近平总书记对干部队伍建设高度重视，围绕干部队伍建设发表了系列讲话，作出了重要论述，强调好干部“信念坚定、为民服务、勤政务实、敢于担当、清正廉洁”的二十字标准，强调领导干部要“三严三实”，今年1月在中央党校与县委书记研讨时又提出“心中有党，心中有民，心中有责，心中有戒”的“四有要求”，还要求我们的干部必须做到“对党忠诚、个人干净、勇于担当”。大家通过30天的学习，对于延安精神有了比较深刻的了解，延安精神作为一种道德情操和精神风貌，是贯穿于党的理论与思想中的精神气质，是内化在党的传统和作风中的灵魂。可以说延安精神与我们现在所提的诸多要求是具有内在统一性，相互贯通性的。下面，我结合习近平总书记系列重要讲话精神，围绕“弘扬延安精神，保持优良作风，做党和人民满意的好干部”谈几点体会，与大家交流共勉：

一、坚定理想信念，加强党性修养

党的奋斗历史告诉我们，对马克思主义的信仰，对社会主义和共产主义的信念，始终是共产党人的政治灵魂，是共产党人经受住任何考验的精神支柱。革命战争年代，“到延安去”曾经是一代进步青年的心灵呼唤，为什么当年我们民族的优秀分子不畏艰险、跋山涉水，要到延安这个山沟沟里来呢？就是因为这里是他们心中理想的灯塔。他们对理想信念的坚定和执着直到今天也令我们由衷敬佩。

坚定理想信念，最重要的是坚持正确的政治方向，它是精神支柱，是前进方向，是党性原则的重要体现，也是延安精神的灵魂。习近平总书记在群众路线教育实践活动总结大会的讲话中，强调“思想教育要突出重点，加强党性和道德教育，引导干部坚定理想信念，坚守共产党人精神追求”。“精神补钙”补什么？我想这几天大家在延安应该找到了答案，就是在了解党在延安的十三年历史、经验、传统、精神的基础上，增进对党的感情，从思想上、行动上、情感上，坚定“三个自信”，自觉做中国特色社会主义共同理想的坚定信仰者、自觉践行者，坚定中国道路，弘扬中国精神，凝聚中国力量，不断把全面深化改革和现代化建设事业推向前进。正如习近平总书记今年2月所强调的，“人民有信仰、民族有希望、国家有力量”。

二、坚持求真务实，传承实干之风

实事求是是我们党的思想路线的核心，也是延安精神的精髓。延安时期最重要的经验之一就是“不唯书，不唯上，只唯实”，坚持真理，修正错误，冲破主观主义的禁锢，正确认识和把握中国革命道路的本质和规律。

新时期弘扬延安精神，就是要把实事求是贯彻到全面深化改革的各个方面，“谋事要实，创业要实，做人要实”，总书记反复强调，“没有远大理想，不是合格的共产党员；离开现实工作而空谈远大理想，也不是合格的共产党员”，他要求各级干部“讲实话、干实事，敢作为、勇担当，言必信、行必果”。

我理解，坚持实事求是，最有效的路径就是“结合”，将中央精神与本地区本部门本单位的实际科学、全面、具体地结合起来，有针对性地破解难题、创造性地开展工作。最本质的要求就是“务实”，要走出“上有所好、下必甚焉”的怪圈，一切从实际出发、从群众利益出发，有务实之心，讲务实之言，做务实之事，兴务实之风，求务实之绩。靠务实让工作出实效、靠务实让百姓得实惠。

三、增强宗旨意识，践行为民之道

全心全意为人民服务是党的根本宗旨，是延安精神的本质和核心。我们的“为政之道”，本质上就是为民之道。从“人民用小米哺育出来”的革命根据地政权，到“人民用独轮小车推出来”的全国解放，从“适应人民愿望、根据群众创造搞起来”的改革开放，到坚持“以人为本”的科学发展，实现中华民族伟大复兴的中国梦，革命、建设和改革的实践向我们证明，正是因为人民的信赖与拥护，我们党才能始终保持着蓬勃生机，才能引领社会发展进步潮流。

党在延安局部执政期间，十分注意关注群众的利益，帮助解决群众的生产生活问题，赢得了人民群众的衷心拥护，拥有了战胜敌人和各种困难的“铜墙铁壁”。我们党最大的政治优势就是密切联系群众，我们应从当年陕甘宁边区的成功实践中获得启示。

习近平总书记在福建工作时追思县委书记的榜样焦裕禄，写下了一首词《念奴娇·追思焦裕禄》，其中有这样几句，“为官一任，造福一方，遂了平生意。绿我涓滴，会它千顷澄碧”。今天，作为穿百姓之衣，吃百姓之饭，也是百姓的领导干部，理应“心中有民”，以更加鲜明的群众路线，增强群众观念，树为民之情；以更加坚定的群众立场，维护群众的利益；以更加有效的方法，长为民之能。

四、保持艰苦奋斗，坚守清正廉洁

艰苦奋斗是我们党的传家宝，是延安精神的重要内容和主要标志。1936年美国记者斯诺访问延安，当他看到中国共产党的高级领导人都是布衣草履、粗茶淡饭，断言这种清廉作风会产生一种伟大力量——“东方魔力”。爱国侨领陈嘉庚到延安后，毛泽东用亲手栽种的蔬菜招待他，对比重庆方面在抗战艰难中的奢华，陈嘉庚断言：“得天下者，共产党也，中国的希望，在延安。”

靠艰苦奋斗，我们的领袖在小小的窑洞里，指挥了世界上最伟大的人民战争；我们的党，在贫瘠的黄土地上，探索创立了民主政治的边区政府；我们的军队，将荒无人烟的南泥湾建成“到处是庄稼、遍地是牛羊”的“好江南”。延安时期的 “只见公仆不见官”，是我们党政治清明、政府清廉、干部清正的真实写照。现在，我们物质条件好了，能不能继续保持艰苦奋斗、清廉节俭的作风，是每一名党员领导干部面临的现实考验。艰苦奋斗作为一种积极进取的信念，一种不懈奋斗的品格，一种健康生活的态度，一种志存高远的抱负，是成就伟业必不可少的精神。

以上几点，跟大家分享。结业式后，大家就要陆续返程了，希望大家在今后的工作和生活之中，继续关注、支持学院的发展，为学院的建设和发展多提宝贵意见和建议，推进我们为党的干部教育事业做出新的、更大的贡献。同时希望大家积极响应学院开展训后“三个一”活动的倡议，我们也会在资料和师资等方面给大家提供支持。

最后，祝各位学员身体健康，工作顺利，返程愉快！谢谢大家！

注：为行文需要，笔记中略去了多数同学的单位与职务。现一并收录，以供参详。

中国延安干部学院第3期年轻干部党性教育专题研修班学员名单

第一组（12人）：

周武光	中关村发展集团股份有限公司副总经理
关　威	共青团黑龙江省委副书记
曾　峻	上海市委党校副校长、上海行政学院副院长
国章成	海南省公安厅副厅长
余　敏	贵州省人民检察院副检察长、党组成员、检察委员会委员
姜振东	新疆生产建设兵团六师五家渠市党委常委、副师长
刘　岱	中央纪委党风政风监督室副局级纪律检查员、监察专员
代　锋	最高人民检察院办公厅检察长办公室主任
杜　贤	人民卫生出版社有限公司总编辑、董事、党委常委
单　武	国家铁路局信息中心副主任
杨鲁峰	中国南方航空工业（集团）有限公司总经理、董事、党委副书记
冯小东	中国第一汽车集团公司审计部部长

第二组（12人）：

徐春芳	河北省卫生计生委副主任、党组副书记
王宏伟	山西省煤炭地质局党委副书记

胡红兵　　安徽省安庆市委常委、桐城市委书记
黄　玲　　福建省委党史研究室副主任
蔡静峰　　湖北省林业厅副厅长、党组成员
李国军　　重庆市南川区委常委、纪委书记
李勇毅　　云南省西双版纳州委常委、组织部长
赵安华　　中央组织部党员教育中心副主任
胡夏冰　　最高人民法院司改办审判员
郝向宏　　团中央网络影视中心党组副书记、常务副主任
姜道安　　中国电子科技集团公司第二十九研究所党委书记、副所长
孙宝东　　国电财务有限公司总经理、党组副书记

第三组（12人）：

高桂鸿　　天津市旅游（控股）集团有限公司党委委员、纪委书记
高　伟　　辽宁省农委副主任、党组副书记
廖　宏　　江西省吉安市委常委、纪委书记
夏东伟　　青岛大学副校长
董安宁　　共青团甘肃省委副书记
周　龙　　宁夏回族自治区党委老干部局副巡视员
陈一奇　　银都机构有限公司总经理
彭　龙　　北京外国语大学校长
丁以绣　　国家新闻出版广电总局综合业务司副司长
高　原　　中国人力资源和社会保障出版集团副总编辑
张华清　　中国建设银行总行信贷管理部副总经理
卢洪早　　三门核电有限公司总经理、党委副书记

第四组（12人）：

徐　勇	吉林省经济技术合作局副局长
钱　江	江苏省太湖水污染防治办公室副主任
刘延军	河南省卫生计生委党组成员、省计划生育协会专职副会长兼秘书长
汤立斌	共青团湖南省委书记
李宜航	羊城晚报报业集团党委委员、管委会副主任，羊城晚报社副社长
王　军	广西壮族自治区百色市委常委、田东县委书记
多吉次仁	西藏自治区民族宗教事务委员会党组成员、副主任
盛　刚	中央政府驻澳联络办协调部副部长
张　晔	农业部人力资源开发中心副主任、纪委书记，中国农学会副秘书长
刘　岩	中国科学院上海硅酸盐研究所党委书记
张　凯	中国核工业二三建设有限公司党委书记、副总经理
贺少琨	中国电子信息产业集团有限公司资产经营部副主任

（以上排名不分先后）

后记

首先衷心感谢给我学习机会的中组部、广东省委组织部，让我能踏上延安这片热土。

在本书写作的过程中，得到了马广荣、郭睿、杨珍三位老师的热情鼓励，得到了代锋等全班同学的无私帮助，得到了王宏伟、高原两位同学的摄影支持，在此一并鸣谢。四组同学王军、汤立斌、张晔、刘延军、多吉次仁、钱江、刘岩、张凯、盛刚、徐勇、贺少琨帮我审阅了书稿，作了有益的订正，要特别表示深深的谢意。

更要感恩的是，这全部的新知识，都来源于中国延安干部学院和所有的授课老师。某种意义上说，他们才是本书真正的作者，而我不过是个未必称职的记录者罢了。在此鞠上一躬，谢谢了。

本书出版后，得到中国延安干部学院的厚爱、社会各界的关心、全班同学的呵护。重印主要是校正了一些史实，充实了部分内容，调整了个别编排。其间，马广荣、何磊两位老师不吝赐教，褒谕过情；黄玲同学矜矜业业，写来了“万言书”；李勇毅同学克丁克卯，诚为“一字师”；刘岱同学纤悉不苟，细雨斜风；赵安华同学直言无隐，摘瑕指瑜；丁以绣同学、余敏同学、高桂鸿同学……他们都给了我真诚的意见和建议。我所在单位的领导，我的母校，我的亲友，皆沛雨甘霖，高情厚谊。谨此奉上一颗感恩的心。

本书重印，缺点错误也难免，尚望读者指正。

李宜航

2015年12月18日